目醒めへのファイナルメッセージ

アフターゲートを生きぬく智慧

セント・ジャーメインからのメッセージ

皆さんの魂の旅路に祝福を送ります。

あなた方は現在、自ら困難を創り出し、
まだ見ぬ自らの可能性を引き出そうとしているのです。

何のために、そのようなことをするのでしょう？
もちろん、目を醒ますためにです。

あなた方は、今という目醒めのサイクルを深いレベルで知っていて、
魂の奥深くで、「大切なことを忘れてはいけない！
この世に生を受ける前にしてきた約束を憶(おも)い出せ！」と、
設定してきた目醒めのベルが鳴り響いているため、
世界中の誰もが困難に直面しているのです。

なぜ、目醒めるために困難を体験する必要があるのでしょう？
いいえ、本来目を醒ますのに、困難である必要はありません。

あなた方は、長い歴史、大きな変化を起こすためには、

The Message from
Saint Germain

「苦労したその先に、大きな実りを得ることができる」
「困難さを伴う必要がある……。だって、それだけ大変なことを成し遂げようとしているのだから」、というような
信念・観念体系を植え付けられ、なおかつ使ってきているため、
なかなか簡単さを受け入れることができないでいるだけなのです。

そろそろ、本来の雄大な意識を憶い出しませんか?
すべてにあまねく存在する私たちの意識を……。
すべてを包含する満ち満ちた意識を……。

そのために、あなた方がすることは、
リミッター(制限)を外すことだけなのです。
大きな大きな意識の、ほんの一部のみを使うためのリミッターを、
あなた方は自らの意思で設定したのです。覚えていますか?

そして今、あなた方は、そろそろ、そのリミッターを外して、
元の意識に戻ろうとしているのですが、
それは指を鳴らすほど簡単なことであり、

自分の意思次第であるのだ、
ということを憶い出すだけで良いのです。

さぁ、あなた方は、「真実の自分を憶い出す」という、
実に心踊る航海の旅へと、すでに出発しているのです。
それを、もっともっと楽しんだらどうでしょう?

時に、嵐や荒波がやって来るかもしれません。
でも、それこそが、あなた方が自分に仕掛けたリミッターを
外すきっかけとなりチャンスとなるのです。

その時、憶い出してください。「これは自分に仕掛けた制限を外し、
自由になるための扉になっているのだ」ということを。

そして、背中を向けるのではなく、扉のその先に意識を向け、
「この扉を設定したのは自分なのだ。この先に、本来の雄大な意識が
拡がっているのだ」と宣言し、扉を開けるのです。
開け続けていくのです。

あなた方が、扉を開けば開くほど、どれだけ自分が
自由で雄大な意識であったのかを、憶い出すことになるでしょう。

私たちは常にあなた方と、この旅を共にし、
友人として隣にいることを覚えていてください。
そして、私たちもまた、この心踊る旅を続ける旅人であることを
知っておいてください。

あなた方は決して1人などではなく、
1つなる源から分かれた多くの分光（ふんこう）と共に、
再び1つになる旅をしているのです。

約束された栄光の「あの場所」で、あなた方とあいまみえることを、
心待ちにしています。

私は、セント・ジャーメイン。
創造の第七光線を司る者です。

新たな時代の幕開けを迎え、
今、世界は大きな混乱を経験しています。

新たなものが生み出される時は、
混沌とした状況はつきものと言えるかもしれません。
なぜなら、古きものを手放さなければ、
新たなものを受け入れることはできないからです。

ですが、この混沌としたプロセスが、
痛みや苦しみのプロセスであるなどと勘違いしてはなりません。
これは、まさに真の自由への道であり、真の光に続く道なのですから、
喜びに満ちた道程であってしかるべきです。
それにもかかわらず、なぜ苦痛を伴うプロセスになってしまうのでしょう？
その一番の要因は「執着」です。

The Message from Lady Portia
レディ・ポーシャからのメッセージ

今という時は、誰もが「新たなステージに立つ」時でもあり、
そのステージに相応しくない、
物・人・仕事・事柄を手放す必要があるのです。

その時、捨てたくない、手放したくない、辞めたくないと、
しがみついてしまうことで、苦しみが生まれるのです。

では、そうした執着の裏には何があるのでしょう?

もちろん、さまざまな理由がありますが、
第一に「これ以上に善き物・人・仕事・事柄が、これからの自分の人生に
入ってくることはないだろう……」という不安や怖れ、
そして疑いをベースにした「自信」です。

変に聞こえるかもしれませんが、あなた方は常に自信を持っていて、
それをポジティブに使うかネガティブに使うかの、どちらかなのです。

The Message from Lady Portia

たとえば、執着していることに気づいたら、
まずは「望まない結果につながる方に自信を持っているのだな……」と、
今の自分の在り方を認めましょう。
認めることで、そのエネルギーを自分で扱う準備が整うのです。
そんなことはない！と認めなければ、あなたは、
そのエネルギーに支配されることになるでしょう。
なぜなら、本来は創造主である、あなたの意識を認めないことにより、
分離することになるからです。

でも、あなたがひとたび認めたなら、
それを自分のテリトリーへと招き入れることになるため、
後は、あなたが何を選択するか、だけになるわけです。

あなた方の世界には、「ビュッフェ」と呼ばれる、さまざまな料理が並び、
好きなものを選んで食べることのできる形態がありますが、
それをイメージしてみてください。

あなた方は、その料理の中に好きなものも、
嫌いなものもあるのがわかっていますが、
嫌いなものをないものにはしませんよね？
ただ、嫌いなものは選ばないだけでしょう。

それと同じで、あなた方のこれからの人生の可能性の中には、
もちろんあなた方の望まない結果もあるかもしれませんが、
望む結果だってあるわけです。

であれば、執着は数あるあなたの可能性を限定してしまうものであり、
フォーカスを引いて、もっと大きな視点から可能性の場を眺めれば、
たくさんの善きもの（結果）が視界に入ってくることがわかるでしょう。

そして、あなたの望む結果を選択します。
ただ、「それを受け取る」と意図するだけで良いのです。
まるでビュッフェの数ある料理の中から、好きなものを選ぶかのように。

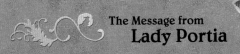

そこに努力や難しさは要りませんね。
繰り返しますが、あなた方は今、個人の流れにおいても、
世界の流れにおいても、新たなステージに立とうとしています。

だからこそ、「選ぶ必要がある」のです。
混沌や混乱の中に飲み込まれ、
不本意な流れに巻き込まれてしまってはなりません。

あなた方は創造主の分光であるがゆえに、同等の力を持ち、
宇宙創造の一端を担っているのですから、
自らの意思で、人生をクリエイトしていくことができるのです。

どうでしょう、
自分がそれだけ大いなる偉大な存在であることを認められますか？
そうであれば、1つの可能性に執着し、
とらわれていることの方が不自然であると感じませんか？

地球史上、もっとも重要なターニングポイントを迎えている今、

自らの可能性を呼び覚まし、
「この先の、素晴らしい地球の未来」をクリエイトしていきませんか？
それには、あなた方一人ひとりの覚悟と行動が必要になるのです。

そして、覚えておいてください。
人類の集合意識によって生み出されている今の状況は、
確実に善きことのために起きています。
たとえ、現状がどのように見えていようとも……。

さぁ、人生における、あらゆる執着を手放し、
可能性の大海原に乗り出しましょう。
そこには、あなた方が今世まだ見たことのない世界が
拡がっていることでしょう。
今までは、そんなことは夢のまた夢だ、と思っていたような世界が……。

私は、レディ・ポーシャ。
新たなる時代の秩序を司る者の1人です。

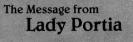

The Message from Lady Portia

エルモリヤからのメッセージ

新人類へと進化しようとしている、あなた方に祝福を送ろう。

あなた方は、永きにわたって、この美しき地球に作られた牢獄の中に
閉じ込められてきた。

いや、自ら望んで、牢獄の中に入ったのだ。

それは、自由とは正反対の、そして可能性の塊であるあなた方には、
およそ似つかわしくない在り方を体験することで、
「本当の意味で、不可能なことはない」ということを証明するために。

つまり、本来無限の存在であるあなた方は、自らの可能性を体現するべく、
最もマスターすることが難しい地球という物理次元にやってきた、
勇敢なる意識たちなのだ。

そして、アクエリアス（水瓶座）の時代と呼ばれる今、
あなた方の本領を発揮することが、かつてないほどに求められている。

The Message from
El Morya

その本領とは何だろうか？　「まごうことなき神聖さ」である。
つまり、本来のあなた方の才能や資質を発揮することが、
これからの時代に、何をおいても必要になるのだ。

ニュートラルな意識、真の調和であり平和の意識、
無条件の愛、そして真の純粋性、
これらの性質を発揮し表現することで、
あなた方は、新たな時代の真の住人となる。

なぜなら、新たなサイクルにおけるエネルギーの変化により、
それまでの在り方や意識を変える必要性があるからだ。

これは進化の自然なプロセスであり、
あなた方の意識の深層に刻み込まれたプログラムであるとも言えるだろう。

それゆえに、あなた方は今、地球が迎えている大いなる変化を、

深いレベルではすでに知っており、
それに向けて準備もしてきていることになるのだ。

であれば、何をグズグズする必要があろうか？
いつまで自分が変化しない言い訳を並べ立てる必要があるのだろうか？

自分の本質から、真のリアリティから目を背けてはならない。
進化・成長・変化において、
都合のよい心地好さのみを伝える者に気をつけなさい。

彼らに悪意がなくても、宇宙の進化において、
そして、あなた方にとって、本当の意味でプラスになることはない。

なぜ、これだけ急速に、世界を取り巻く状況が変化しているのかに
耳を傾けてごらん。
それは急ぐ必要があるからだ。時が迫っているからに他ならない。

言い方を換えれば、慈悲深き創造主は、
あなた方に十分に時間と猶予を与えてきた。
それでも、あなた方は真剣に耳を傾けることはなかった。

そこで、あなた方を取り巻く環境が激変することを通して、
もういい加減、目を醒ますよう伝えても、
まだわからないのだろうか？

もちろん、あなた方の意識の反映が、
あなた方が体験する現実である訳だが、
それは、「あなた方の中にも、それだけ大きな変化が起きている」ことを
表しているのだ。
そしてもちろん、あなた方は創造主と共同創造している。

であれば、今起きていることを冷静に俯瞰してみることで、

「本当には何が起きているのか？」に気づけないだろうか？

いよいよ、あなた方は新人類として、新たな地球に立とうとしている。
それには、あなた方の意識を、
さらに進化・成長させる必要があるのだ。

それくらい、これからの時代は大きな変容を遂げることになる。
だからと言って、無理矢理その流れに乗る必要はない。

新しい時代に移行するか否かは、
完全にあなたの選択に任されている
それだけ創造主は、あなた方を愛し、尊重しているのだ。

ただ、このメッセージを見聞きしているあなたは、
このタイミングで今一度、自身の方向性を確認し、
軌道修正しようとしている意識だからこそ、

こうして話していることを理解してほしい。
私は、万人に話しかけているのではない。
「あなた」に直接話しかけているのだ。

さぁ、しっかり自分と向き合い、
何のために今世、肉体を持ったのかに、
今一度思いを巡らせてごらん。
賢明なるあなた方は、自身の魂の計画を、
そこはかとなくでも憶い出すことができるだろう。

それさえ明確になれば、あとは意気揚々と進んでいくのみである。
素晴らしい旅を!

私は、エルモリヤ。
あなた方の友であり、人類の進化を見守る者なり。

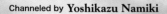

Channeled by **Yoshikazu Namiki**

目醒めへの
ファイナルメッセージ

アフターゲートを生きぬく智慧

目次

第2章 新型コロナで浮き彫りになった現象

第3章 あなたの目醒め度をチェック！

第4章　目醒めを加速させるワーク

第5章　アセンションした地球はこんなに変わる！

第6章　アフターゲートで目醒めていく世界を生きるために

はじめに

「あなたの目醒めは、順調に進んでいますか？」

この一言が本書であなたに伝えたいことのすべてです。

今、大変うれしいことに、たくさんの人々が「目醒め」に興味と関心を持ってくださるようになりました。

２０１８年に出版した拙著、『本当のあなたを憶い出す、５つの統合ワーク　目醒めへのパスポート』（ビオ・マガジン）では、僕たちがこの時代において、深い眠りから目を醒ますべき大きな転換期に直面していることをお伝えしながら、本当の自分を憶い出すために、自らを「統合」していく大切さとその方法についてお話ししました。

「目醒める」とは、「僕たちは、本来誰もが神であることを憶い出し、そのパワフルな自分で自由自在に生きていく」という意味でもあるのですが、この本はまさに、あなたが深い眠りから目醒めて、新たな世界へ旅立つための〝パスポート〟でもあったのです。

次に、2019年に出版した続編の『新しい地球で楽しく生きるための目醒めのレッスン29』（ビオ・マガジン）は、目醒めのパスポートを手にした人たちが、新しい自分を生きるための〝チケット〟の役割を果たす本となりました。

この本では、目醒めへのエントリーを決めた人たちが、どのように日常生活の中で目醒めを実践していけばいいのかについて、新しい時代を生きるための習慣や考え方、そして、日々の暮らしの中で実践できる簡単なワークなどをご紹介しました。

目醒めとは、ただ単に「こんな世界がやってくるんだ。目醒めたいな〜！」などとイメージをするだけで叶うものではなく、あなたが実際に日々のレッスンを通して、肉体と精神と魂の波動を上げながら目醒めていく必要があるからです。

そして、今回の『目醒めへのファイナルメッセージ』では、2021年の冬至に向けて、いよいよゲートが閉じようとしている、そんな大切な1年を迎えている今、まっすぐ目醒めへのプロセスが進んでいるかを確認し、軌道修正しながら、ゲートを潜り抜けた先、つまり、〝アフターゲート〟に備えていくための本になります。

さて、昨年は新型コロナウイルス感染症のパンデミックにより、世界中に大激震が走りました。

けれども、時代の大きな転換期にある今、これからも、大激震とも呼べるような出来事が次々と形を変えて起きてくるでしょう。

でも、もし、あなたが本当の意味で目を醒ましていくなら、外で起きている出来事に左右されることはなく、ネガティブな影響を受けることもないのです。

この本では、そのための心の持ち方や在り方についてもお話ししていきたいと思います。

さて、すでに何度もお伝えしているように、2021年の冬至には、目醒めへの扉が完全に閉じることになります。

今、あなた自身も目醒めへの旅路を歩んでいるからこそ、そのプロセスにおいて、時には迷路に迷い込んだりすることもあるかもしれません。

でも、安心してください。

本書を読み終えたあなたは、目醒めの目的地に向けて、厚い雲に覆われた乱気流から飛び出し、視界の開けた大きな滑走路が続くルートに降り立てるように導かれるはずです。

新たな自分を生きるためのパスポートと、目醒めへのチケットを手にしたあなたの旅路が心躍るワクワクしたものでありますように。

さあ、引き続き僕と一緒に目醒めの旅の続きを楽しみましょう。

並木　良和

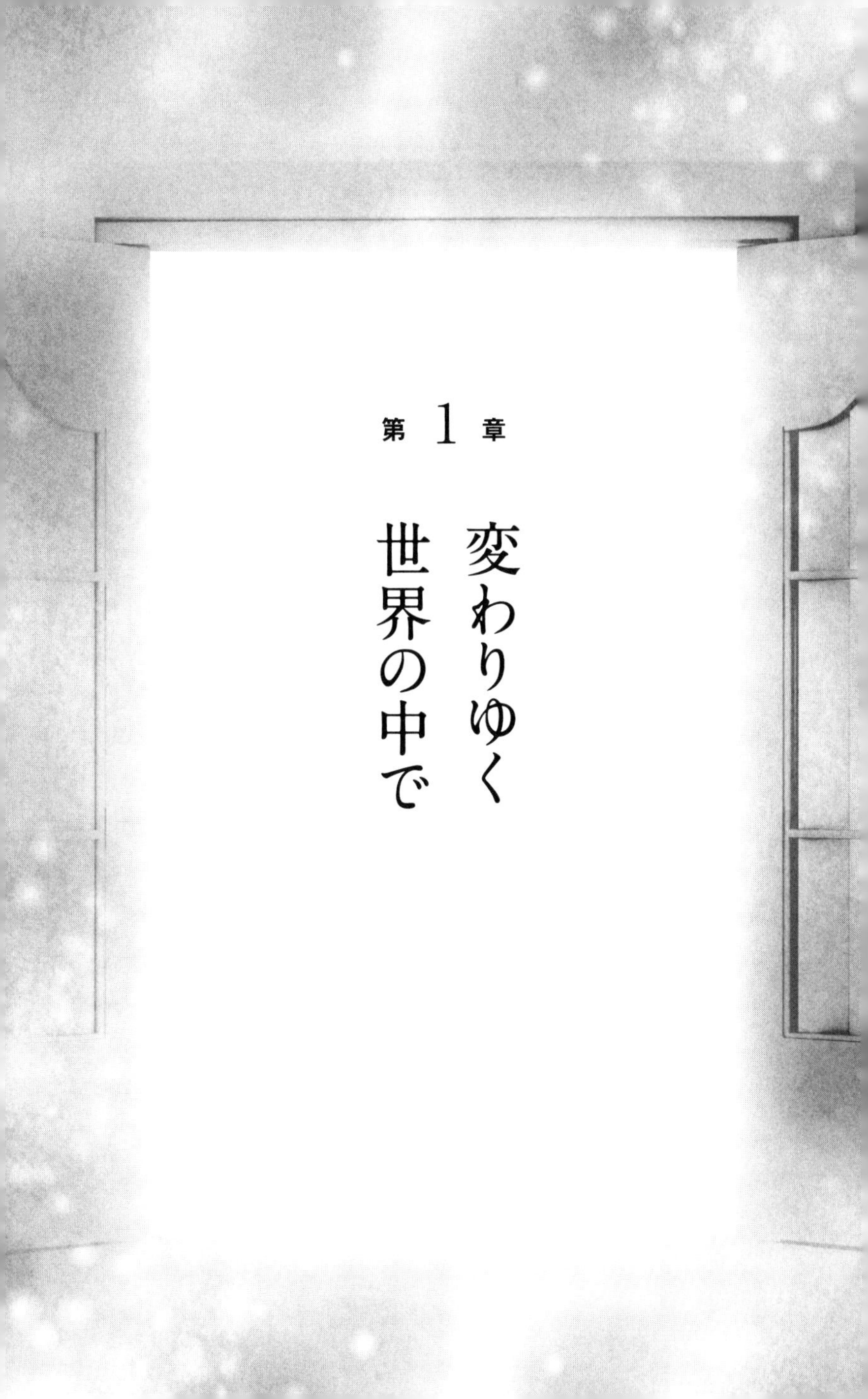

第1章

変わりゆく世界の中で

この世界はもう元には戻らない

新型コロナウイルスがはじまる前の世界には、もう戻りません。

そうお伝えすると、あなたはどう感じるでしょうか？

がっかりするでしょうか？

がっかりどころか、かなりのショックを受ける人もいるのではないでしょうか。

もしくは、悲しい気持ちや不安な気持ちになるでしょうか。

それとも逆に、古い世界に別れを告げて、新たな世界で生きていくことにワクワクするでしょうか？


このような情報を聞いたときの反応によって、今後のあなたの「目醒め」方は大きく変わってくるのです。

「はじめに」でもお伝えしたように、２０２０年から世界中を震撼させた新型コロナウイルス感染症によるパンデミックこそ、僕が常々お伝えしていた目醒めの時期に起きる、「惑星レベルの変容」の1つでした。

惑星レベルの変容とは、地球全体が揺らぐようなイベントや出来事のことを意味しますが、その1つがこの新型コロナウイルスの出現だったのです。

このため、昨年から僕たちの生活は一変しました。

いえ、変わらざるを得なくなった、と言えるでしょう。

特に、これまでの平和だった日常生活を脅かすような急激な変化には、戸惑った人も多かったはずです。

そのため、スピリチュアルな探求をする人でさえも、「目醒めのレッスンは、コロナのごたごたが終わってから、ゆっくりはじめよう」とか、「この状況が落ち着いたら、学んでいきたい」、中には、「今は現実の生活の方が大変で、目醒めどころじゃない」、などと言う人もいたのではないでしょうか。

振り返ると、2020年の春以降は、すべての人の生活面に次のような具体的な変化が起きていたはずです。

これらはすべて、それ以前にはなかったものです。

・外出時にはマスクをしなければならなくなった。
・うがい、手洗いなどを習慣にして、何よりもコロナウイルスに感染しないように気をつけることが第一、という風潮になってしまった。
・仕事に関してもテレワークが中心になり、ある程度のことはすべてオンラインでまかなうようになった。
・不要不急の外出を控えるようになったことで、行動範囲が狭くなった。
・3密を避けるため、友人たちとの食事会やパーティーなども減り、社交的な生活がなくなってしまった。
・旅行に行けなくなった。また、アウトドアで行うスポーツなどのレジャーや娯楽が減ってしまった。

以上のような新しい習慣や環境の変化を強いられたことは、多くの人にとってストレスを感じるものであったはずです。

さらには、コロナ禍で〝人と人の分断〟が行われたことは、結果的に、〝経済の分断〟さえも生み出してしまいました。

そして、そのあおりを受けて、中には職を失ったり、賃金カットなどの憂き目に遭ったりして、経済的な打撃を受けた人も出てきたことでしょう。

光り輝く
アフターゲートへの道

1

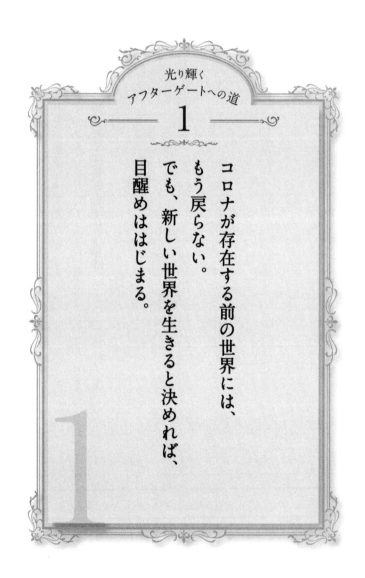

コロナが存在する前の世界には、
もう戻らない。
でも、新しい世界を生きると決めれば、
目醒めははじまる。

不安や恐怖が世界をガラリと変えた2020年

政府から緊急事態宣言が発令された2020年3月前後は、世の中が最も混乱していた時期でした。

一過性の現象であったとはいえ、スーパー・マーケットの店頭からは買い占めや備蓄のために商品がごっそりなくなりました。他にも、ドラッグストアではトイレットペーパーやマスクがなくなり、ネットの転売サイトなどでも普段の何倍もの値がついて高騰したりもしました。

併せて、メディアやSNSなどでは、不安をあおるような情報やニュースが日々流れ続けていました。

今、振り返ると、2020年という年は、「人々の不安や恐怖が浮き彫りになると、現実レベルで世界もこのように変貌する」、ということを僕たちはまざまざと見せられたのです。

その後、この新型コロナの問題に関して、情報を受け取るという意味においては、人々の間にも耐性ができてきたようです。

現状では依然として感染者も日々増減するなどして、関連ニュースは途絶えることがありません。

それでも、一時期のような緊迫した状況はある程度落ち着き、未知なるものに対する恐怖の中で、日々を過ごす人は少なくなったのではないでしょうか。

それでも、先の見えない不安な状況はまだまだ継続中です。

今後もそれぞれの規制や新しいルールが敷かれる中で、僕たちはその時々の状況に応じながら、新しい環境に対応していかなくてはなりません。

その上で、「辛抱していれば、いつかは、また元の生活に戻るだろう」と思っている人には残念なお知らせかもしれませんが、**もうコロナウイルスが世界を揺るがす以前の世界に戻ることはない**のです。

これは、**人類が自ら選んだ選択だった**からです。

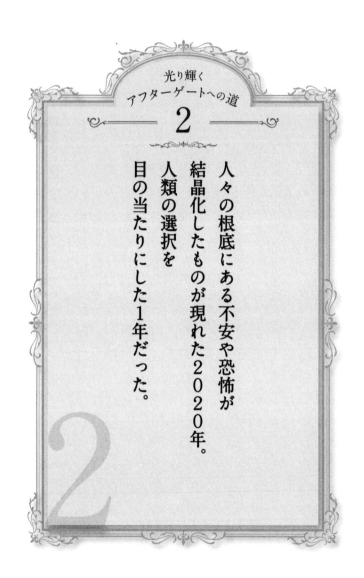

光り輝く
アフターゲートへの道

2

人々の根底にある不安や恐怖が
結晶化したものが現れた２０２０年。
人類の選択を
目の当たりにした１年だった。

意識改革を促すために起きたパンデミック

では、2020年に世界中を巻き込んだパンデミックは、いったい何を意味していたのでしょうか？

それは、**「自分たちではどうにもできない、という状況の中で、自らに眠る才能や資質を発揮して、より強くなりなさい！」という宇宙からのメッセージだった**のです。

つまり、「これまでの古い価値観はもう通用しなくなるので、新しい価値観を見出して生きていきなさい」、という予告でもあったのです。

スピリチュアルに関心のある人は、「新しい自分になりたい！」「自分を変えたい！」と、これまで関連する本を何冊も読んだり、セミナーに通ったりして、〝知識〟は十分に得られていることでしょう。

でも、そうした人たちの中にも、まだ先述のように「この騒動が落ち着いたら、スピリチュアルな生活に戻ろう！」などと考えている人がいます。

でも、どんなシチュエーションであったとしても、学んだ知識を日々の生き方に落とし込み、日常でそれを使えないのなら、実際のところ何の意味もありません。

僕からすると、そんな人たちは〝目醒めをイメージだけで捉えていた人〟に他なりません。

でも、そのことに今、気づけた人はまだ間に合うのです！

スピリチュアルはリアルに落とし込んでこそ、価値があるものとなるのです。それができなければ、ただの〝スピリチュアルごっこ〟で終わってしまうことになるでしょう。

だからこそ、僕たちは今ここから本当の意味で現実に向き合い、「目を醒ましていこう！」という意識になることで、この現状を目醒めのチャンスと捉えて大きく飛躍できるのです。

まさに今、人類は、「自分たちにはどうにもできない」ことを集合意識から起こし、それを超えることで、今まで体験したことのない意識へと進化しようとしているのです。

「私たちは、そんなに大きな変容のタイミングを迎えているんだ」と認識した人から、目醒めのプロセスが開始することになるでしょう。

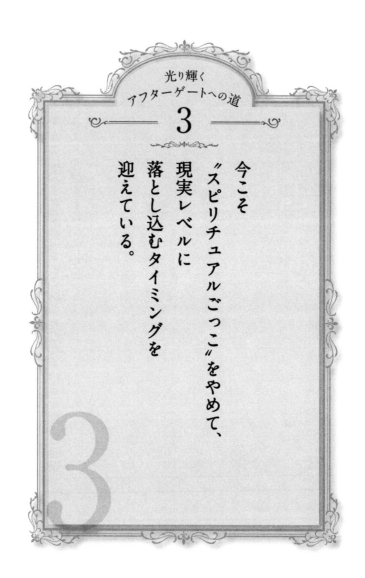

光り輝く
アフターゲートへの道

3

今こそ
〝スピリチュアルごっこ〟をやめて、
現実レベルに
落とし込むタイミングを
迎えている。

目醒めに期限を設ける理由

すでにご存じの方もいるように、僕は目醒めについてお話しするときに、これまでずっと一貫してタイムリミットを設定して語ってきました。

なぜでしょうか？

それは、**タイムリミットという、「いついつまでに！」という明確なインプットがあってこそ初めて、僕たちの脳は本格的に始動するようになっているから**です。

学生時代の夏休みの宿題のことを思い出してみてください。

ある人は、夏休みの開始とともに9月1日の新学期に提出する宿題をスタートし、すでに8月の中旬には余裕をもって終え、後は思いっきり楽しく遊ぶ毎日を過ごしていた人もいたでしょう。

その一方で、頭の隅ではいつも宿題のことを気にかけながらも、ついつい誘惑に負けて遊んでしまうタイプの人もいたはずです。

つまり、母親に「はやく宿題やらなくちゃダメよ！」と言われても、「わかった！」と答えながら、「まだまだ夏休みは残っているのだから、なんとかなるさ」、とたかをくくっていたのです。

でも、そんな呑気な人も、8月25日あたりから焦りはじめます。そして結局、休みが終わる数日前から家族に手伝ってもらいながら、なんとか徹夜で宿題を仕上げて、新学期に間に合わせていたのではないでしょうか。

そして、当然ですが、きちんと計画を立てて宿題を進めていた人と比べて、後者の場合は、付け焼き刃であるため、宿題の内容も自分の血肉にはなっていなかったはずです。

目醒めに関しても、同じことが言えます。

「今、この惑星は次元上昇の時を迎えているので、目を醒ましていきましょう」とだけお伝えしていたら、「なるほど、そうなんですね……。了解！　いつかそのうちね！」で終わってしまう人がほとんどでしょう。

だからこそ僕は、数年前から「２０２１年の冬至に目醒めのゲートが閉じます。だから、そのための準備をしていきましょう」と、目醒めのサイクルにおけるタイムリミットをお伝えしてきたのです。

そして、いよいよゲートが閉じようとする直前に、現実の世界で「さあ、本当にもうすぐですよ！」と最終コールを促すように起きたのが、新型コロナウイルスによるパンデミックという出来事だったのです。

でも、**この予想外の出来事が、ショック療法のような役割を果たした人も多いはず**です。

そして、「今こそ目を醒ましたい！」と思えるようになった人もいるのではないでしょうか。

なぜなら、人は予想もつかないような出来事に直面することで、もともと潜在的に持っていた火事場の馬鹿力のようなパワーを発揮するからです。

この出来事を通して大きく意識を変えた人は、後で思い起こしたとき、「あのコロナのタイミングがターニングポイントだったんだ」と、きっと気づくことでしょう。

だからこそ、僕はこれからも、〝締め切り〟のように、あえてタイムリミットをお伝えしながら、皆さんに目醒めを促していくことになります。

人は締め切りがあるからこそ、その目標に向かって動いていけるからです。

逆に言えば、期限がないと人間は、なかなか動かないし動けない生き物なのです。

そもそも、僕たちはどうして「時間」というものが存在するこの惑星にやってきたのでしょうか？

それは、**時間があるからこそ、自分たちの成長を加速させることができる、ということをすでに知っている**からです。

ぜひ、そのことを思い出してください。僕たちは、時間を上手に利用することで、今は想像もつかない大きな変容を遂げることも可能になるのですから。

「あなたのペースでいいですよ。その気になったら目を醒ましてくださいね！」と、こ

の時期になってまで、やさしくお伝えしていたら、あなたは、おそらく永遠に目醒める
ことはないでしょう。

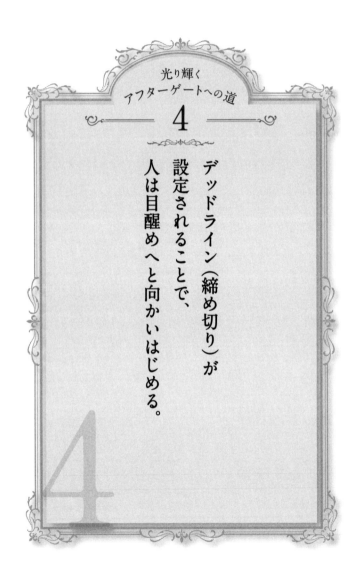

光り輝く
アフターゲートへの道

4

デッドライン（締め切り）が設定されることで、人は目醒めへと向かいはじめる。

新型コロナウイルスは、「目醒めの学校」のエリートたちへの最終試験のはじまり――

言ってみれば、2020年の春分からは、今のこの地球を「目醒めの学校」と呼ぶなら、その最終試験がはじまった年でした。

そして、最終試験をなんとか無事に終えて卒業式が行われるのが、この2021年の冬至になるわけです。

では、昨年の試験は、「抜き打ちテスト」のようなものだったのか、と言われれば、そうではありません。

先述のように、あなたがすべて自分で選択していたのです。

たとえば、学校に入学する際は、あなたが幾つもある学校からその学校を選び、自分で願書を出し、試験を受けて入学しますよね。

つまり、あなたも今回のビッグイベントを体験するために、このタイミングで地球という学校に入学してきているのです。

中には、この地球という学校の受験に落ちた生徒もいたわけであり、それも、この特別な時期に入学できなかった生徒だってたくさんいるのです。

でも、あなたは入学試験に合格して選ばれたエリートです。

なぜなら、この地球という物理次元をマスターすることほど難しいことはないのですから。

あなたは、本当はイリュージョン（幻想）であるこの世界で、まるで**イリュージョンとは思えないほどリアルに感じられる物理次元で目を醒まそうとやってきたチャレンジャー**なのです。

あなたは、この地球という物理次元において、本来はただの周波数であり姿形がないものを、物理的に存在しているものとして体験したい、と肉体を持ったのです。

そして、もともと高い意識の状態では、すべてはただの周波数であることを知っているので、その高い波動を落とすことで、真実を忘れ去ることからスタートしたのです。

つまりそれが、「深く眠ることで神である自分を忘れ、目を醒ますことで神である自分を思い出す」という授業のはじまりだったのです。

目を醒ますためには、意識と波動を上げ続けていく必要があり、現実という幻想を超えていく、という非常に難しい課題を自らに課してきました。

あなたも、「そんな難しい課題をマスターしたい！」と意気込んでこの学校に入学してきたのです。

そうなのです。

今、**地球に存在している人は、もれなく、「物理次元をマスターする！」と決意してきた志の高い魂**なのです。

言い方を換えれば、あなたは本来、そんな課題に挑戦できるほどの優秀な生徒であり、すでにマスターとも呼べる存在です。

そして、そのマスターであるあなたが、この難しい課題を達成できるのなら、あなたはどの宇宙、どの次元でもやっていけるはずです。

このようなことをお伝えすると、「自分はそんなエリートではない」「そんな力が自分にあるわけはない」と言う人も出てきますが、それこそが「眠り」の世界のトリックです。「すべてを否定すること」が当たり前の眠りの世界では、自己価値も低く、自分を否定したり、劣等感を持つ人がほとんどです。

これが、いわゆる統合から分離した地球の周波数にはまっている、ということでもあるのです。

「自分にはできない」と思い込めば、それが叶ってしまうのがこの世界の法則です。

そんなネガティブに傾きがちな考え方さえもイリュージョンであるということに、まずは、気づいてほしいのです。

これまで、さまざまなカリキュラムを経て、最後に昨年からの卒業試験を受けたあなたは、2021年の冬至に卒業式を迎えることになります。

そして、学校を卒業すれば、これまで一緒だった同級生たちに別れを告げて各々の道へと進むように、次の新しい世界がはじまるのです。

今後は、二極化を超えて多極化する流れの中で、自分が選んだ次元へ旅立ち、それぞれが新しい扉を開いていくことになります。

光り輝く
アフターゲートへの道

5

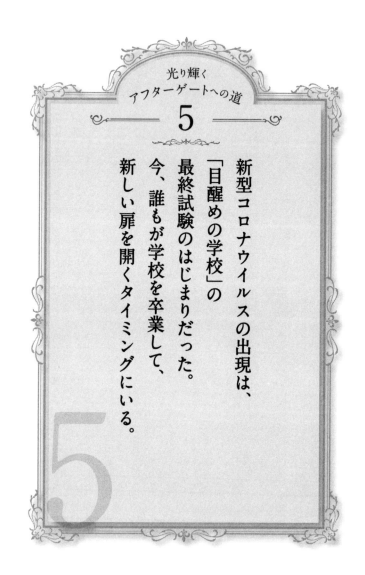

新型コロナウイルスの出現は、
「目醒めの学校」の
最終試験のはじまりだった。
今、誰もが学校を卒業して、
新しい扉を開くタイミングにいる。

地球の「目醒めの学校」において、卒業式が行われるのが、この2021年の冬至。
この時期を過ぎれば皆、それぞれ自分が選んだ道を歩んでいくことになる。

第 2 章

新型コロナで浮き彫りになった現象

コロナ禍の流れで起きた〝目醒め〟の勘違いとは？

２０２０年に突如出現して、この世界を一変させてしまった新型コロナウイルスは、「コロナ禍」と呼ばれる日常生活における不便さや災難などをもたらしました。

けれども、コロナ禍の影響は表面的なものだけではなく、社会の深部にも大きな影響をもたらし、特に昨年はいつもの年にはない、いくつかの特徴的な現象が見られました。それらはきっと、今後の社会を生き抜くための新たな課題となるはずです。

この章では、新型コロナで浮き彫りになった社会現象をスピリチュアルな観点から捉えてみたいと思います。

最初は、「真実を追求する」というムーブメントに端を発した現象です。

今、時代が大きく変わるタイミングを迎えていることから、多くの人がさまざまな概念のもとで「目醒め」という言葉を使っています。

でも、**「目醒め」という言葉の意味を誤解して使用している方が多い**ように思えます。

つまり、〝目醒めの勘違い〟です。

第１章でも述べたように、特に昨年は、人々に恐怖を与えるようなネガティブなニュースや情報が世の中を席巻しました。

今の時代は、**新しい次元に向けてのリセットにあたる時期なので、長年の闇や膿（うみ）などがあぶり出されて、隠されていた真実がどんどん世の中に明るみになってきているのも事実**です。

そんな中、今回のパンデミックに関しても、世界中の人々が「果たして、このウイルスは自然に発生したものなのか」「いや、人工のものではないのか」、などとメディアやＳＮＳなどを中心に議論を展開していました。

中には、大手メディアが報道しない情報もＳＮＳからはどんどんあふれ出してくるので、これらの情報のどこからどこまでが真実で、どこがウソなのかわからない、と不安になった人も多かったのではないでしょうか。

そしてその不安が、さらに人々に未知なるものに対する恐怖感を与えることになってしまいました。

このような背景を受けて、特に昨年は、これまで以上に多くの人が「真実を追求したい」という思いに駆られていたように思います。

そして、このような意識が全人類の集合意識にまで広がっていたのも大きな特徴でした。

また、パンデミック以外の問題に関しても、昨年は世界的なレベルで「真実を追求する」という大きな流れがありました。

それは、これまで一部の人だけが認知していたような情報が、SNSを通じて広く一般にまで浸透しはじめたことも一因です。

たとえば、トランプ大統領を支持する「Qアノン」というグループの存在が広く知られるようになり、アメリカで大統領選があれば不正選挙ではないか、という流れにもなりました。

また、人種差別問題やヘイトの問題から、「BLM（Black Lives Matter）」などのムーブメントで市民運動も起きたり、国や政府は信用できないということで、反政府運動や自分たちで社会を守ろうとする「自警団」のような組織なども世界各地で起きたりしていたのも記憶に新しいところです。

他にも、「闇の勢力」の存在の話など、これまで陰謀論として扱われて一部の人だけの間で興味を持たれていたようなことなども、草の根レベルから一般の人にまで広く浸透しはじめてきたのです。

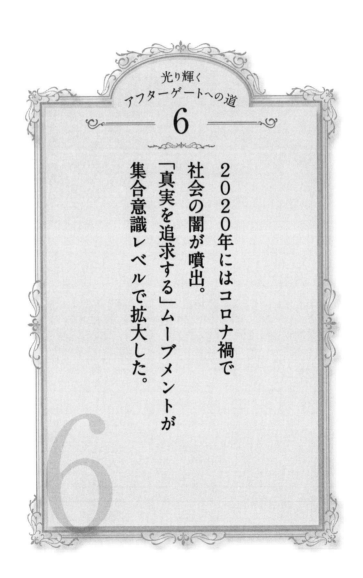

光り輝く
アフターゲートへの道

6

2020年にはコロナ禍で
社会の闇が噴出。
「真実を追求する」ムーブメントが
集合意識レベルで拡大した。

「善」と「悪」の二極化で捉える限り、深い眠りからは目醒めない――

基本的に、このような真実を追求する人々は、「悪と闘う！」「悪に勝つ！」というスタンスに立っています。

実は、この一連のムーブメントについて、これも1つの「目醒めの時代」の現象ではないか、と思われている人も多いのです。

もちろん、今までは何の疑いも持たずにいたことに対して、そこに光を当てて真実を明るみにしようとする動きは、目醒めのプロセスであると言えるでしょう。

でも、本来の目醒めである、「この地球に生まれる前に高い周波数で振動していた、純粋な光の意識を憶い出す」という意味においては、気をつけないと真逆の方向に行ってしまいかねないことになります。

言い方を換えると、**現象や出来事にフォーカスが行き過ぎ、それをジャッジしてしまうことで、「より深い眠りの中に入っていく」ことになる**のです。

もちろん、「真実を追求する」という姿勢はすばらしいことであり、「こんな事実があったんだ」「こんなものの見方もあるんだ」と自分の見識を広げるという意味においては、何も問題はありません。

問題なのは、そこからジャッジが起き、怒りから攻撃がはじまることです。

真実を追求する人にどうしてもありがちなのが、**「善」と「悪」という二極のものの見方の中で、加害者と被害者という人間ドラマに陥ってしまうということ**です。

「真実を追求しよう！」という人は、自分でも気づかないうちに被害者の立場になってしまいがちなのです。

もちろん、それは「世の中を良くしたい！」という正義感や、「本当のことを知りたい！」という純粋な思いからはじまった活動かもしれません。

でも、だからといって、「悪を潰せ！」「この世から悪は抹殺されるべきだ！」「悪い奴らなんだから、徹底的にやっつけろ！」と相手に敵意を剥き出しにして、糾弾しようとする動きは、望まない結果をもたらしかねません。

まず、そういった意識のもとで暴かれて真実だとされる情報の中には、事実が捻(ね)じ曲げられて伝えられているものが多いということもあります。

次に、スピリチュアルな観点から見れば「そんな〝悪い人たち〟がいる世界に入ってきたのは誰なのか？」ということなのです。

繰り返しになりますが、僕たちは自らの意思で、自分で選んでこの世界にやってきているのです。

「あなたは自ら望んで、この世界を体験したくてやってきた意識なのだ、ということを忘れていませんか？」ということです。

あなたは、たとえ真実を追いかけているつもりでも、闇の世界の〝悪人〟が存在しているとして、彼らの仕業に一喜一憂していたら、あなたは、彼らのつくったストーリーの中に、まんまとはまり込んで抜け出せなくなっている、ということになります。

また、「私たちは、こんなに搾取され続けてきたんだ」「アイツら、絶対に許せない！」と怒りや不安、怖れなどを感じるのなら、そのネガティブな感情を餌食にしながら肥大化している存在もいるのだ、ということも知っていてほしいのです。

そうでなければ、結果的に闘おうとしている相手と同じ土俵に立つことになってしまうからです。

では、どのようにすればいいのでしょうか？

もちろん、簡単ではないかもしれませんが、**あなたから見た〝悪〟という存在さえも赦(ゆる)して、ネガティブな感情のすべてを統合していく**のです。

悪人を追及することは、あなたの仕事ではありません。

繰り返しますが、「善人」がいて「悪人」がいる、という二極のものの見方こそが「眠り」であり、その意識から「善人」や「悪人」という在り方を生み出してしまっているのです。

だから、このように考えてみてください。

あなたは悪人がいる世界を体験したくて自ら選んできたのですから、それがいやならば、「もうこれを終わりにすることもできるのだ」、と。

「皆で目を醒まそう！」「そうだそうだ！」と、外の出来事を追求していけばいくほど、逆に真の目醒めから遠ざかってしまう、ということを、今一度、頭に入れておいていただけたらと思います。

つまり、あなたは「真実を追求したいのですか？」、それとも、「目を醒ましたいのですか？」ということなのです。

僕からの提案は、真実を追求しながら、うっかり深い眠りに落ちてしまうよりも、**「もう、善と悪という二極を体験する世界を終わりにしませんか」、ということ**なのです。

光り輝く
アフターゲートへの道
7

正義感から真実を追求することは、
「善」と「悪」の二極化にはまりがち。
そうなると、逆に目醒めではなく、
眠りへとはまりこんでいく。

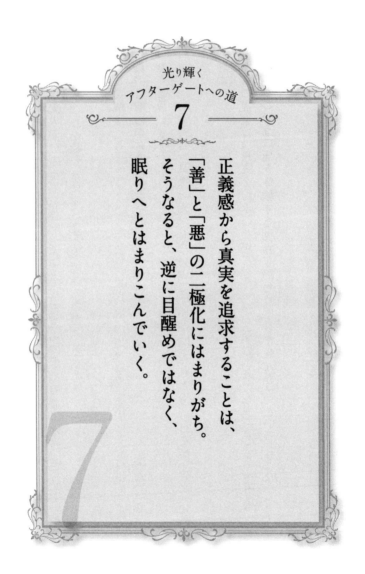

「善」と「悪」という二極化の世界から解き放たれることが
統合への道につながる。

富の再配分は本当にあるの⁉

さて、真実を追求する人々の多くが語っているのが、「世界中の富を牛耳っていた悪の存在が淘汰されることにより、一般の人たちに巨額の富が再配分される時代になる」、というような考え方です。

特に、国内および世界レベルで行われる古い金融システムを一掃するという意味の金融リセットで、「ネサラ（NESARA : National Economic Security and Reformation Act 国家経済安全保障改革法）」「ゲサラ（GESARA : Global Economic Security and Reformation Act 地球経済安全保障改革法）」という言葉もよく使われるようになってきました。

僕自身も、「将来的に、ネサラ・ゲサラは本当に起こるの？」「金融のリセットなどはあるのですか？」などとよく聞かれるようになりました。

実際に、このような法案が今後日本で通るかどうかということは置いておいても、残念ながら、**「豊かさの再配分」という概念に関しては、今のところ、多くの人が望むような形では起きないだろう**と感じています。

とはいえ、昨年は日本でも、政府から「特別定額給付金（新型コロナウイルス感染症緊急経済対策関連）」として、国民全員に一律に10万円が給付された他、中小法人や個人事業主に向けて各種給付金などの経済的な支援が行われてきました。

以前から、「ベーシックインカム（最低限所得保障制度として政府が国民に対して一定の金額を定期的に保障するというもの）」の実現についても議論されてきたことから、このような経済的なサポートの流れこそが、「ネサラ・ゲサラ」の実験なのではないかと信じている人も多いようです。

中には、「これからは、何もしなくてもお金が毎月入ってくる」とか、「何十年も残っている住宅ローンはもう支払わなくてもいいんだ」などと自分に都合の良いように考えている人もいます。

これに関しても、1つだけはっきり言えることがあります。

それは、**「豊かさにおいても、向こう（外側）から変わることはない」ということ**です。

当然ですが、何もせずに待ち望んでいるだけでは、豊かさは向こうからやってきてくれたりはしません。

つまり、何事も僕たちの意識が変わらなければ、現実の方から変化することなどないのです。


逆に、人々の意識が変わらないまま、このようなサポートシステムが本格的にはじまったとしても、「自分は何もしなくても（変化しなくても）、豊かさが向こうからやってきてくれる」、と都合よく捉えてしまっているとしたら、せっかくの豊かさもプラスに働くことはありません。

その豊かさゆえに堕落したり、自分の人生に上手に活かせなかったりするなど、「豚に真珠」のような、もったいないことになってしまうのです。


豊かさも外から与えられるものではなく、自らが変化することで、本来の豊かさの意

識そのものになることが先なのだ、ということを覚えておいていただけたらと思います。

光り輝く
アフターゲートへの道

8

「富の再配分」は、今の意識では、
皆が待ち望むような形では
行われない。
豊かさも自分自身で
創り出していく、
という意識を持つことが大切。

自ら命を絶つことも二極化の現れの現象の1つ――

さて、昨年（2020年）の特徴として、もう1つ大きな問題になっていた社会現象がありました。

それは、有名人やインフルエンサーたちが自ら命を絶つという現象でした。

いよいよ、これから本当の意味でワクワクする時代がはじまろうとしているタイミングで、人々に影響を与える人たちの自死のニュースは、多くの人たちの意識に悲しみややるせなさなど、重たく暗い影を落としました。

また、有名人の自死だけでなく、統計的にも、過去10年ほど減り続けていた自殺率は、2020年には再び上昇してしまいました。

とてもつらいことではありますが、この現象も二極化における現れ方の1つです。

つまり、これからの新しい時代を「光の時代」と呼ぶならば、光と闇への分岐点を今、迎えているところであり、**光が強くなる分、闇も浮き彫りになり、極端に暗い出来事も顕在化してしまう**のです。

つまり、光の時代へシフトしていくには、誰もが持ち合わせている自身の闇と向き合い、それらを手放すことで、光に換えることが必要になるのです。

それはまるで、毒出し・膿出しをするように、そして、それが多ければ多いほど一気にそれらが押し寄せて来るような体験をする人もいるでしょう。

もちろん、それは闇を浮き彫りにし、完全に終わりにするためです。

「今こそ闇を手放しなさい！」という、感情的に大きく揺さぶられる出来事がやって来たときに、多くの人は、それを光に換えるチャンスとして利用する一方で、その出来事にのめり込み、感情的に溺れていってしまう人もいるのです。

そして、それが結果的に、自殺というものを招いてしまうこともあるのです。

今という時期は、**誰もがその程度の差こそあれど、さまざまな形で自分の闇に向き**

合っているはずです。

「自分はそんな体験はしたくない」、と思う人もいるかもしれませんが、闇を認識できなければ、手放すこともできないのです。

つまり、闇から目を逸らすということは、長い地球の眠りの歴史を終え、目を醒ましていくことのできる道を、自ら閉ざすことに他ならないのです。

だからこそ、闇に直面することは、「光（目醒め）への道を進んでいるからなんだ。この先には、長い歴史の中でずっと待ち望んできた、光の世界が広がっているんだ」、と捉えてほしいのです。

そして一旦、**その出来事や感情の嵐からフォーカスを引いてニュートラルになり、光（ポジティブ）を選択してほしい**のです。

また、インフルエンサーとして大きな影響力のある人は、その華やかさと同じくらい、その裏に抱えている闇も大きかったりするものです。

誰もが闇に直面しているこの時期には、大きな役割を持つ人たちこそ、暗く深い闇を体験している人もいるでしょう。

また、その役割ゆえに「光り輝かなければ」、と使命感を強くすればするほど、「闇なんて持っていてはいけない！」、とそれを自分の奥深くに押しやり、目を背けようとします。

すると、その押しやっていた闇が噴出したとき、あまりの大きさに圧倒されてしまうのです。

でも、闇は永遠には続きません。明けない夜はないからです。

そして、あなたの光が強くなればなるほど、もう闇の存在できる領域はなくなり、消滅することになります。言い方を換えると、**光になればなるほど闇をも包み込んでしまい、それに影響されることがなくなる**のです。

昨年は、その試練ともいうべき流れが、本格的にはじまった年でもあったのです。

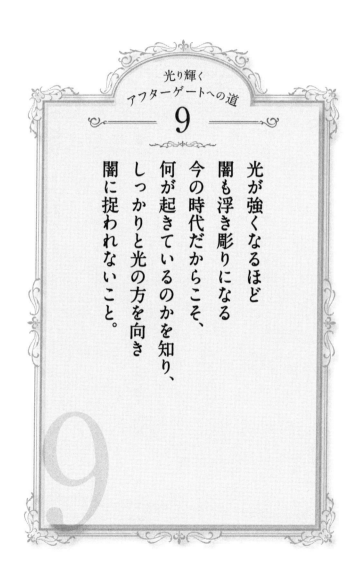

光り輝く
アフターゲートへの道

9

光が強くなるほど
闇も浮き彫りになる
今の時代だからこそ、
何が起きているのかを知り、
しっかりと光の方を向き
闇に捉われないこと。

自死したスピリットのゆくえ

「では、自殺をした魂は、その後どうなるの？」

そんな疑問を持つ人も多いはずです。

まず、「人間の魂＝スピリットは永遠である」、ということを大前提にお話をするなら、自死したスピリットは、この世を去った後には後悔することが多いでしょう。

やはり、人生を思いっきり生きることができなかったこと、また、自分のしたことで家族や友人など、周囲の大切な人たちを悲しませてしまった、などの自責の念にさいなまれるのです。

とはいえ、「自死をすると、成仏できないのか？」と問われたなら、「そのようなことはありません」とお答えします。

確かに、普通に人生をまっとうしてあの世に旅立ったスピリットに比べて時間がかかるかもしれませんが、後悔の念やネガティブな感情が浄化されれば、やがて、ちゃんと成仏できることになります。

特に、社会的に影響力のある人や有名人の死は、世の中に問題提起するという役割もあります。

その人の死にスポットライトが当たることで、多くの人々に生きることの意味を改めて問いかけることになるのです。

その場合、その人の魂は大きな役割を果たしているのです。

だからこそ、僕たちは、**悲しみや痛みに飲み込まれるのではなく、その出来事を魂の成長や生きる糧につなげていく**のです。

「何事も、どんな瞬間も無駄なものはひとつもないのだ」、ということを忘れないでいただきたいと思います。

光り輝く
アフターゲートへの道
10

自死したスピリットも、
やがては成仏する。
残された僕たちは、
悲しみに飲み込まれることなく、
人生の質を向上させていこう。

10

暗いニュースに影響されないために

これまでお伝えしてきたように、昨年は、世の中を席巻する暗いニュースに影響され、自分まで暗い世界に飲み込まれていく人も多かったように思います。

いくら「ネガティブなニュースは見ないようにしよう」と心がけていても、ネットを開けばニュースサイトのトップにあったり、トレンドの1位として上がってきたりしていると、自然に目に入ってきてしまうものです。

そして、今後はさらに、見たくないようなニュースが世の中にあふれてくるはずです。

では、そのような場合、どうすればいいのでしょうか？

否が応でも暗いニュースが目に飛び込んでくる中、大切なことは、自分の見るものを決めておくということです。

さらに、「自分にとって役に立つもの」「気分が上がるもの」「楽しいもの」だけを選ぶ習慣をつけるのです。

つまり、ネットなどのデジタルの情報においても取捨選択をして、「メディアの断捨離」を行うのです。

ネットを見ない日、つまり、**「デジタル・デトックス」の日を設けることで、心のバランスを保つようにする**のです。

ただし、その上で、1つだけお伝えしておきたいことがあります。

それは、もしあなたがネガティブなニュースを見たことで気持ちが暗く落ち込んでしまったのなら、それは、あなたがそのニュースを目にしたことが原因ではありません。

それは、**「もともと自分の中にあった闇が、そのニュースをきっかけに表に浮かび上がってきた」ということであり、自分でも気づいていなかった闇に光が当たったことを意味している**のです。

だからこそ、僕たちは、自分の中にもある闇から目を背けずに、きちんと手放していくことが大切になってくるのです。

光り輝く
アフターゲートへの道
11

時には、
メディアから離れることで、
デジタル・デトックスを行い
心のバランスを保つ。

11

コロナの存在する世界、しない世界

さて、新型コロナが世の中に登場して以来、こんな体験をした人もいるのではないでしょうか。

それは、テレビやネットのニュースで、日々の感染者数の発表があり、その人数の増減がある中で、自分の周囲には自分も含めてコロナに罹った人は1人もいない、あるいは、一切そうした話を聞かないという現実です。

そうした人にとっては、まるで、コロナのある世界とない世界の2つが存在しているように感じられるかもしれません。

これこそが、**「自分の発している周波数によって、何を体験するのかが変わってくる」、ということ**なのです。

これまで、こうした現象について僕は、次のような例を挙げていました。

それは、ある街では、「あぁ、幸せ過ぎて、まるで私は天国にいるみたい……」と話している一方、その隣町では戦争が起きていて、戦火に逃げ惑う人たちが、「どうして、世界はこんなことになってしまったんだろう……。ここはまるで地獄のようだ！」と絶望しているという状況です。

そして、お互いの街の人々は、それぞれの状況を認識していない、というふうに表現してきました。

今回は、それが戦争ではなくコロナだったわけですが、僕たちが使っている周波数によって、コロナに影響される世界、されない世界、というように体験する現実が、まったく変わってくるのです。

これまで、「そんなことはありえない！」と思っていた人も、「こういうことだったのか」と、なんとなく、わかっていただけたのではないでしょうか。

それはつまり、「あなたはどちらを選びますか?」という選択でもあるのです。

日々、流れてくるニュースに不安を感じてネガティブなマインドになり、恐怖に脅えながら過ごしますか？　それとも、「どんなときも、自分らしく楽しく生きていきたい！」と思いますか？　ということなのです。

言い方を変えれば、自分が選択する周波数で何を体験するかが決まる、ということであり、たとえ、**どのような惨状が周囲で繰り広げられていたとしても、自分が同じ土俵に立たなければ、その影響を受けることはない**のです。

また、仮に今後、戦争が起きようとも、核が飛んで来ようとも、あなたがそれを体験する周波数にいなければ、あなたはそこにいません。

要するに、「何が起きようとも心配する必要はありません。あなたは常に大丈夫です」ということです。

さらに言えば、「あなたが持っているもの（周波数）しか、体験することはできない」のです。だから、あなたがすべきことは、**ただ周波数を上げる選択をし、望む周波数と一致すればいい**のです。

周波数の上げ方は、これまでお話ししてきた、**「恋慕うわよ（こ・ひ・し・た・ふ・わ・よ）」**＊の実践です。

また、コロナに関して付け加えるなら、「しっかりと手を洗い、うがいをする」、という基本的なことを徹底し、あとは日々をリラックスして楽しんで過ごせれば良いのです。

＊「恋慕うわよ（こ・ひ・し・た・ふ・わ・よ）」
こ…心地がいいこと
ひ…惹かれること
し…しっくりくること、すっきりすること
た…楽しいこと
ふ…腑に落ちること
わ…わくわくすること
よ…喜びを感じること

光り輝く
アフターゲートへの道

12

コロナに影響される世界も、
されない世界も自分次第。
「恋慕うわよ
（こ・ひ・し・た・ふ・わ・よ）」の
実践で周波数を上げ、
望む世界を選択する。

「自分がこちらを選ぶ！」と決めれば、体験する世界や現実は変わってくる。

第3章

あなたの目醒め度をチェック！

「目醒め」は、頑張って手に入れるものではない

「今、目醒めのワークを毎日やっています！」

目醒めについてお話をするようになって以降、たくさんの人々が目醒めることに興味と関心を持ってくださるようになったのは、大変うれしいことです。

でも今、多くの人が「目を醒まそう！」と決意して目醒めの準備をする中で、第2章でもお話ししましたが、目醒めに対する誤解や理解の相違が見受けられるようになってきたのも事実です。

「目醒めるために、一生懸命頑張ります！」というコメントなども、その思いは素晴らしいのですが、一生懸命頑張るから目が醒めるのではありません。

もちろん、目を醒ますことを望む人たちが、「目醒めのゲートが完全に閉まる前に、新たな次元に移行したい！」と思うのは自然なことです。

でも、目を醒ますことは、「修行」ではないので、難行苦行をしたり、ストイックになったりすることで達成できるものではないのです。

では、目醒めとは何を意味するのでしょうか？

それでは、ここで改めて、「目醒め」とは何かについて、前著『新しい地球で楽しく生きるための目醒めのレッスン29』の「naMikipedia（ナミキペディア）」から、おさらいを兼ねて目醒めの定義を明らかにしておきましょう。

「目醒めとは、本来の自分自身を憶い出すということ。自分が特別な何かや、崇高な何かになろうとするのではなく、高次元の自分の本質を憶い出していくということ。また、この世界がイリュージョン（幻想）であるということに気づくこと。〝悟り〟と同じ意味」ということです。

つまり、目醒めとは、「**自分の感情や思考は自分で選ぶ＝現実を映し出すフィルムを**

自分で選択し、思い通りの人生を生きる」という主体性を持った生き方をすることなのです。

一方で、「眠ったままの生き方」とは、これまでの地球の生き方＝地球の周波数（一般的にネガティブと呼ばれる感情）を体験に使う生き方、いわば、出てくる感情に振り回される生き方、もしくは、現実によって一喜一憂する生き方のことです。

目醒めた人とは、自分の外側で繰り広げられる世界がどのようなものであっても、自分の在り方は自分で自由自在に決められる人のことです。

また、目醒めるということは、波動を上げて自身の本質であるハイヤーセルフそのもので生きることでもあるのですが、これも常々お伝えしている「恋慕うわよ（こ・ひ・し・た・ふ・わ・よ）」の状態で生きることに変わりはありません。

でも、「それはわかるんだけど、自分が本当に目醒められているかどうかわからない……」「目を醒ましたいとは思うけど、〝目醒める〟とはどういうことなのかが、よくわからなくなってきた……」というあなたへ。

今というタイミングだからこそ、改めて、自分が目醒めに向けて順調に歩んでいるか、
また、目醒めについて、きちんと理解しているかをチェックしてみましょう。

もし、本当の目醒めの意味を取り違えているのなら、今がチャンスです！

さらには、本来の意味とは違った解釈をしていたとしても、今なら十分に間に合います。

それでは、真実の目醒めの道を歩めるように、ここから軌道修正していきましょう。

光り輝く
アフターゲートへの道

13

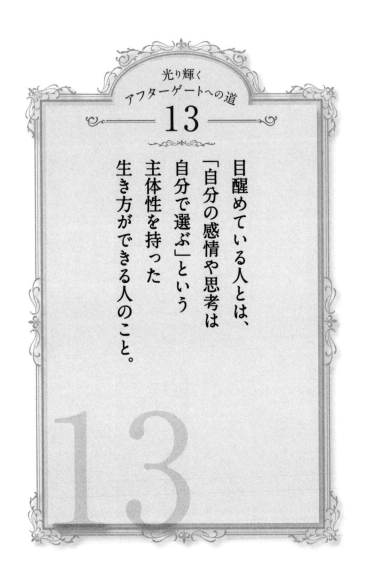

目醒めている人とは、
「自分の感情や思考は
自分で選ぶ」という
主体性を持った
生き方ができる人のこと。

13

あなたの目醒め度をチェック！

あなたの目醒めの度合いをチェックするために質問を用意してみました。

次の①〜⑳の質問に、あなたの今の状況に照らし合わせてイエスかノーで答えながら、☑を入れてみてください。

もしくは、質問にあるシチュエーションについて、自分ならこうするかも、と同意できるものにも同じように☑を入れてください。

それぞれの質問には、あまり頭で考えすぎずに、ピン！ときた方を選んでみてください。

Question

①目醒めのワークをすることで、ゲートが閉じる前に、なんとか無事に目醒めることができたと思う。

Yes□　No□

②頭で考えるより、直感を大切にして生きるようになった。

Yes□　No□

③新しい自分になりたいから、目醒めるために一生懸命努力している。

Yes□　No□

④自然の大切さを認識するようになり、自然の中に出かけるようになった。

Yes□　No□

⑤今の仕事は苦手でワクワクしないので辞めた。これからは好きなことだけをやっていこうと思う。

Yes□　No□

⑥自分と気の合う人と付き合うようにして、楽しい時間を過ごすようにしている。

Yes□　No□

⑦苦手な人間関係は、できるだけ避けるようになった。

Yes□　No□

⑧肉体の重要性に気づき、ファスティング（断食）やデトックスに興味が湧くようになった。

Yes□　No□

⑨最近、いいことばかりが起きるようになって、ウキウキした毎日を送っている。

Ｙｅｓ□　Ｎｏ□

⑩瞑想や統合などのスピリチュアルなワークが習慣になり、自分の内側に意識が向くようになってきた。

Ｙｅｓ□　Ｎｏ□

⑪未来のことを考えるのではなく、「今を生きよう！」と、貯金も好きなことに使うようになった。

Ｙｅｓ□　Ｎｏ□

⑫食事に対する意識が変わり、何を食べ何を飲むか、などをより意識するようになった。

Ｙｅｓ□　Ｎｏ□

⑬環境破壊や自然災害、戦争など世界で起きている悲惨な状況や問題のことを考える

と、胸が痛い。自分でも何かできることをやりたいと思う。

Yes□　No□

⑭占いや占星術で未来を知ることよりも、自分で意識的に未来を創っていく方が楽しくなってきた。

Yes□　No□

⑮好きな人と幸せになりたいし、自分の気持ちに正直にいたいから、フラれてもめげずに彼にアタック！

Yes□　No□

⑯ウォーキング、ストレッチなど、できるだけ身体を動かすようになった。

Yes□　No□

⑰私は目醒めはじめたけれど、家族が目醒めようとしないのがちょっと心配。できれば一緒に目醒めていきたい。

Yes□　No□

⑱テレビやニュース番組は見るものを決めて、なんとなく見るということがなくなってきた。

Yes□　No□

⑲目醒めがはじまったからか、チャネリングができるようになった！

Yes□　No□

⑳自分の出身星など、自身のルーツに興味が湧き、スピリチュアル関係のワークショップなどに参加するようになった。

Yes□　No□

さて、あなたはどの質問に対する回答に「イエス」と答えたでしょうか？

合計20問の質問のうち、あなたがイエスをつけた質問の番号に注目してください。

これらの質問に対して、つい「イエス！」と答えてしまいそうですが、実は、あなたの目醒めの理解度をテストするために、ちょっとした引っ掛け質問も用意しました。

ではここで、それぞれの質問を紐解(ひもと)いていきましょう。

もし、あなたが①～⑳の「偶数の質問」にイエスが多い場合、あなたの目醒めのプロセスは順調に進んでいると言ってもいいでしょう。

反対に、もし、「奇数の質問」にイエスが多かった場合、あなたは目醒めの意味や理解を少し取り違えているのかもしれません。

特に、奇数の質問に6個以上イエスがある場合は、ここで、しっかり軌道修正していきましょう。

それでは、次の章から奇数番号の質問を順番に取り上げながら、解説していきたいと思います。

質問①の解説——目醒めは、完了するものではない

Q目醒めのワークをすることで、ゲートが閉じる前に、なんとか無事に目醒めることができたと思う。

目醒めのプロセスに、ゴールはありません。

それは、永遠に続く旅のようなものです。

だから、あなたが「私は今、目醒めはじめている」とか「私は目醒め続けている」と言うことができたとしても、「私は、もう完全に目醒めた！」とか「私の目醒めの旅は終わった！」という〝完了形〟の表現にはならないものなのです。

もちろん、僕自身も現在進行形で目醒めへの旅路を歩き続けているのです。

また、目を醒すというのは、誰かに誇示するものでも、認めてもらうものでもないどころか、僕たちはもともと目醒めた存在なので、目醒めている人ほど、「私は目醒めている！」などと、あえて言うようなことはしません。

同様に、「覚醒」についても同じことが言えます。

「私はすべてを悟った！」「私は覚醒したので、わからないことはない」などという人もいますが、僕たちは、肉体を持っていること自体が制限になっているので、残念ながら、すべてを知ることは不可能なのです。

つまり、目を醒ませば醒ますほどに、もっと意識の深い層が観えてきて、まだまだ「その先」があることがわかってくるのです。

そして、それがわかるからこそ、決して「私は覚醒し、すべてを悟った」と言い切ることはできないのです。

だからこそ、目醒めの道を真摯に歩みはじめた意識は、その奥の深さを垣間見るほどに謙虚になるため、決して驕（おご）り昂（たかぶ）ることはありません。

目醒めとは、どこまでも果てしなく続く旅のことですが、同時に、どこまでも先へと拡大し続けることができる、心躍る旅に他ならないのです。

光り輝く
アフターゲートへの道

14

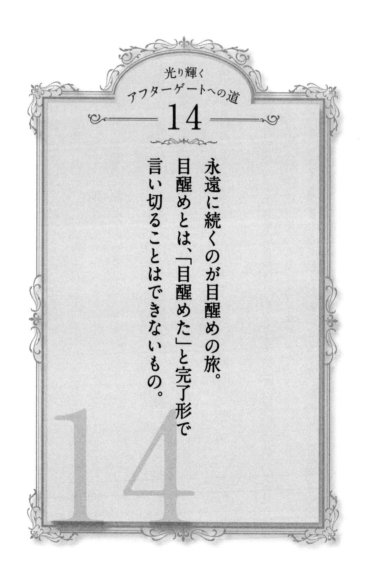

永遠に続くのが目醒めの旅。目醒めとは、「目醒めた」と完了形で言い切ることはできないもの。

14

質問③の解説――目醒めは、一生懸命努力するものではない

Q新しい自分になりたいから、目醒めるために一生懸命努力している。

この章の冒頭でもお話ししたように、目醒めとは、目醒めるために「一生懸命」になるものでも、「努力する」ものでもありません。

実は、「一生懸命頑張る」というマインドこそ、これまでの眠りの時代のシステムそのものなのです。

目醒めるというのは、「もともと、僕たちは目醒めた存在だったのだ」、ということを憶い出すだけのことです。

そして、**そのために必要なのは努力ではなく、ただ、自分の中にあるネガティブな感情や思考＝地球の周波数を、それに気づくたびに手放していくこと**なのです。

こうして、地球の周波数を丁寧に手放していくことで、さらに深く力強く目を醒まし

ていくことになるのです。

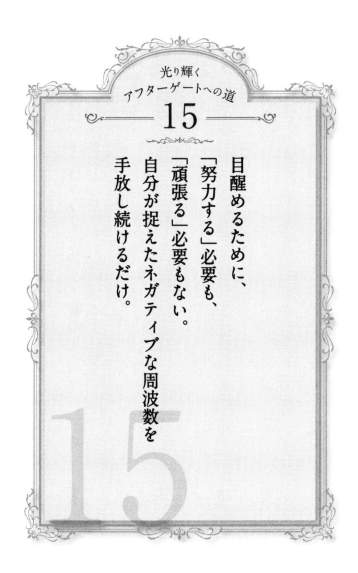

光り輝く
アフターゲートへの道
15

目醒めるために、
「努力する」必要も、
「頑張る」必要もない。
自分が捉えたネガティブな周波数を
手放し続けるだけ。

15

質問⑤の解説——「ワクワクしない」裏に何が潜んでいるかを探る

Q今の仕事は苦手でワクワクしないので辞めた。

これからは好きなことだけをやっていこうと思う。


この質問は、少しトリッキーだったかもしれませんね。

「勤めている会社がワクワクしないので辞めた」というのは、「統合」という観点から見たときに、決して間違いではありません。

でも、あなたが「ワクワクしない」ということの裏には、きっと何か理由が隠れているはずです。

それは、「仕事がつまらないので嫌だ」とか、「会社の上司がどうも苦手」とか、「残業ばかりでキツいわりには、お給料が低い」などという、それぞれの状況に対するマイナスの感情があるはずです。

そして、そういった現状から逃げるために、「ワクワクしない」という言葉でごまかしていることもあるのです。

まず、あなたがその会社を「辞めたい！」と思う理由はいろいろあるにしても、シンプルに「居心地の好くない感覚」があるはずです。

そしてその感覚は、まさにあなたのハイヤーセルフから、「それはあなたの周波数ではなく、地球の周波数ですよ」というメッセージがやって来ているということなのです。

ですから、その感覚を捉えたら、そこから目を逸らさずに丁寧に外していきましょう。

目醒めるということは、地球の周波数を外し続けていくことでもあるので、**居心地の好くない感覚に気づいたら、その感覚がなくなるまで、何度でも手放していく**のです。

そして、手放した後に、もう一度自分に向き合ってみてください。

居心地の好くない感覚を手放して波動が上がると、あなたの目醒めは加速し、新たな周波数で構成された世界に存在することになるのです。

その上で、改めて自分の仕事に思いを巡らせてみるのです。

それでも、「この場所は、やっぱりもう、自分のいる場所ではない」と明確に感じるのであれば、その判断は、あなたにとって正しいでしょう。

でも、手放した後に自分と向き合うと、「この仕事をこんな視点で捉えたら、面白くなるかもしれない」と思えるかもしれません。

波動が上がることで、高い視点を持つ新しいあなたになれたら、辞めようとしていた会社は、意外にも理想的な職場になり得ることだってあるのです。そのことを、きちんと見極めることが大切です。


「ワクワクする生き方」が自己啓発をはじめ、さまざまな分野で推奨されるようになった今、僕たちはワクワクという言葉を乱用しがちです。

でも、嫌なものから逃げるため、もしくは、ただネガティブな感情を感じたくないために「ワクワクしないから会社を辞める」、というのはまったく意味合いが違います。


繰り返しになりますが、ワクワクの感覚が、自分にとって正しいものかどうかを判断するには、まずは、会社や人間関係など外側の現実や対象物を見たときに感じる、居心地の好くない感覚を手放し、本来の自分とより深くつながることで、改めて自分の感覚を捉え直してみるのです。

常々お伝えしているように、「外側で起きていることは、すべてイリュージョン」なので、自分の外の世界がワクワクしないなら、そこから逃げるのではなく、自分にとって望まない感覚をどんどん手放しながら、本来の自分につながるのです。

そうすれば、僕たちの本質であるワクワクの周波数がフィルムとなり、望む現実が外界に反映されるようになるわけです。

そのことを本当の意味で理解したとき、あなたは**自分の外側にワクワクを見るのではなく、自分自身がワクワクそのもので存在する、つまり、目を醒まして生きることになる**のです。

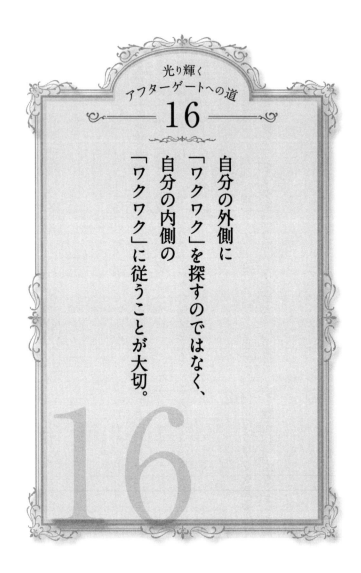

光り輝く
アフターゲートへの道
16

自分の外側に
「ワクワク」を探すのではなく、
自分の内側の
「ワクワク」に従うことが大切。

質問⑦の解説――「好きな人と一緒に過ごす」と「苦手な人を避ける」の違いに気づく

Q苦手な人間関係はできるだけ避けるようになった。

この質問の前に、Q6では「自分と気の合う人と付き合うようにして、楽しい時間を過ごすようにしている」という問いがありました。これは「イエス」と答えて正解です。

目を醒ました生き方の人間関係においても、「この人と一緒にいると心地好いな」「この人と一緒に過ごしたいな」という基準による選択は、自然なことと言えるでしょう。

僕たちは本来、「やりたいことは何でもやり、なりたいものには何にでもなれ、行きたい場所へはどこへでも行ける」、そんな自由な存在なのです。

人や物事に執着することや、誰かや何かを巻き込もうとする動きは本筋からズレていきますが、いつもあなたは、自分の心がしっくりくる方を選べばいいのです。

そう言われると、「苦手な人間関係は避ける」ことも正しいと思われるかもしれませんが、そうではありません。

自分に軸を置いたとき、前項の⑤でもお伝えしたように、あなたにとって「ネガティブに感じる対象がある」ということは、「あなたの中にある地球の周波数を捉えた」ことになるのです。

生きていく上で、常に自分の外側にある対象によって、こんなネガティブな思いをさせられているのだ、と勘違いしてしまうことで、僕たちは、さらに深く眠っていくことになります。

このケースの場合、たとえ、その苦手な人間関係を一時的には避けられたとしても、また次の新たな人間関係において、同じようなネガティブな要素を目撃することになるでしょう。

そして、同じことをまた繰り返してしまうのです。

つまり、それが無意識であったとしても、**あなたが選んで使っている地球の周波数というフィルムを替えない限り、人を替え品を替え、状況を替えながら、ずっと同じ映画を見続けることになる**わけです。

だから、あなたが避けたいと思っていたものは、「苦手な相手の何かではなく、自分の中にある地球の周波数であり、それに触れたくなかったのだ」、ということに気づかなければなりません。

「好きな人と楽しい時間を過ごしたい」という気持ちは、自分の本質につながる気持ちであり、それがワクワクするものなら、あなたにとって正しいのです。

でも、「好きな人と楽しい時間を過ごす」ということと、「苦手な人間関係を避ける」というのは、一見同じように見えても、意識のベクトルが自分（内側）に向いているのか、相手（外側）に向いているのかで、まったく違うものになるのだ、ということを覚えておいてほしいのです。

光り輝く
アフターゲートへの道

17

人間関係も
自分を軸に選択すること。

「好きな人と付き合う」

ということと、

「嫌いな人を避ける」

という違いに気づく。

17

質問⑨の解説――良いことにも悪いことにも囚（とら）われずに、ニュートラルな意識になる

Q最近、良いことばかりが起きるようになって、ウキウキした毎日を送っている。

「え？　この質問は正解じゃないの？」

そう思った人こそ、気づきのチャンスです！

目醒めが進むと、自分の周囲の世界が一新することで、今までは思いもしなかったようなラッキーなことが起きてきたりします。

そんなときに、ウキウキするのは当然かもしれません。

でも、目を醒ましていくというのは、何事であれそれに一喜一憂せず、ニュートラルな意識で存在するということなのです。

言い方を換えれば、「現実にいちいち左右されない＝外向きの意識で生きない」、ということです。

簡単に言うと、**自分の身にどんな不幸なことが起こっても、「それが何？」という平常心になれることであり、逆に、どんなに幸運と呼ぶようなことが起きても同様に、「それが何？」という意識になれる、ということ**なのです。

「え？　でも、ラッキーなことが起きたんだから、喜んだっていいでしょ？　ウキウキした気分まで手放すのはちょっと違うと思う」と言う人もいるかもしれません。

もちろん、そのことを喜んでもかまわないのです。

でも、あなたが自分の現実のすべてを創り出しているのに、キャーキャーと飛び上がって喜び、現実というイリュージョンに突っ込んで行くのは、まるであなたが創っている現実ではないみたいですよね？

不幸と呼ぶものだって同じです。

あなたがすべてを創っているのだから、何を創り出したとしても、「ふーん、今感じている周波数で、この現実を映し出しているんだな……。では、もし、これを変えたいのなら、この現実を見て湧き上がってくる体感を手放し、フィルム自体を替えればいいんだ」、となるはずなのです。

実際に目が醒めてくると、喜びも一喜一憂するようなものではなく、深いところから湧き上がってくるような喜びを感じるような状態になるはずです。

そんなことをお話しすると、「飛び上がるほどの喜びを感じられなくなるなんて、ちょっといやだな。もし、そうならば、目を醒まさなくてもいいです」、という人も出てくるかもしれません。

でも、そう思うのは、本当の自分とつながったときに体感する、「深い大いなる喜び」をまだ知らないからなのです。

本来の自分自身とつながればつながるほど、外の現実に左右されない絶対的な安心感、幸福感、安らぎ、そして豊かさを体感することができます。

昔から賢人たちが「汝（なんじ）自身を知れ」「自分の内側に天国を見出しなさい」と語ってきたのは、まさにこのことです。

あなたを幸せにするのは、外側で起こる出来事や、他の誰かなどではなく、あなた自身です。

とにかく、何が起きても、何を起こしたとしても、「それが何？」というニュートラルな意識でいることです。

それができるようになればなるほど、あなたの目醒めのプロセスは順調に進んでいると言えるでしょう。

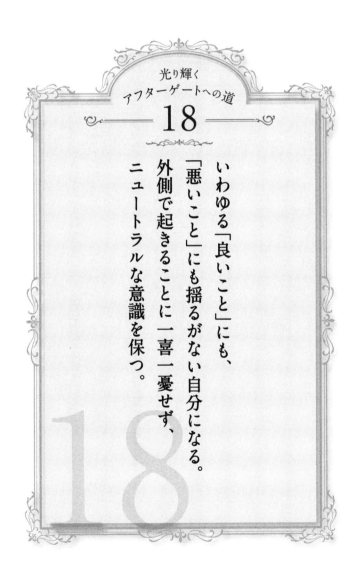

光り輝く
アフターゲートへの道
18

いわゆる「良いこと」にも、
「悪いこと」にも揺るがない自分になる。
外側で起きることに一喜一憂せず、
ニュートラルな意識を保つ。

18

質問⑪の解説――「今を生きる」ことと、刹那的に生きることは別

Q未来のことを考えるのではなく、「今を生きよう!」と、貯金も好きなことに使うようになった。

まだ起きてもいない未来を憂うのではなく、今を生きることは大切です。

でも、「今という瞬間に、思いきり好きなことをしたいから!」とばかりに貯金を使い果たすのは、ただの散財であり、自己破産が待っているだけです。

今という瞬間に生きることは、もちろんなのですが、それは、刹那的に生きることとは違います。

誰にとっても、今という現状が、そのまま未来を決めるわけではありません。

ある人にとって、どんなに最悪だと思われる現状があったとしても、そこから大逆転して、「最高!」と思えるような未来を創り出すこともできるのです。

だから、今を基準に未来を憂う必要はありません。

それは言い方を換えると、**これまでの人生がどうであったとしても、「今のこの瞬間から、新たな未来を創り出すことができる」、ということを意味している**のです。

でも、今から新たな人生を歩もうと決意した人が、前向きに日々を生きていても、いずれ、次のような疑いが湧き上がってきます。

「本当にこのまま続けていっても、大丈夫かな？」「このやり方で上手くいくかしら？」などの不安や怖れです。

だから、不安や怖れが浮上して来たときには見ないふりをするのではなく、それを捉えるたびに、きちんと手放すのです。そして、手放した後の今この瞬間から、また、最高の未来を選択し続けるのです。

また、「今を生きる」というのは、「今この瞬間を思うがままに生きる」ことではあるのですが、自分のエゴや欲望のままに生きることとは違います。

それは、「今、お腹がペコペコだけど、お金持ってないな……。でも、目の前のパンが美味しそうだから、食べちゃおうっと！」とパン屋にディスプレイされている商品を購入せずに、そのまま手に取ってぱくぱくと食べはじめるようなものです。

これは極端な例かもしれませんが、目を醒ますプロセスにおいて、**「ワクワクに従う」ことと、「欲望に従う」ことの違いも意識しておいてほしい**ポイントです。

当たり前のように、社会の中には行政、教育のシステムから交通や税金のルールまで、ありとあらゆる種類の規則や法律が存在しています。

「自分がどうしてもこうしたいから！」と、それらの既存のルールを無視していいわけではありません。

社会の中に組み込まれているシステムやルールは、人間の集合意識がつくり上げたものです。

だからこそ、そうしたものも自分の意識の延長と捉え、もし、そのシステムやルールによって居心地の悪さを感じるのなら、僕たちが波動を上げて、変化の余地を創り出すことが大切なのです。

僕たちの意識が高い次元に移行すると、ものの見方や捉え方も大きく変わります。するると、「もう、このシステムは必要ないかもしれないね……。それじゃ、今度はこうしていこう！」とか「このルールは、もう今の自分たちにはそぐわないから、新しいものを作っていこう！」という発想が生まれて、それを元に、新たな形が誕生するようになるのです。

それゆえに、この社会に参加しているあなたが、既存のシステムをつくり上げた一員でもあるという意識を持つことが大切になるのです。

つまり、**あなたが目醒めることが集合意識にも影響を与え、引いては、それが社会の変化につながる、ということも忘れないでいてほしい**のです。

光り輝く
アフターゲートへの道
19

「今を生きる」ことと、
刹那的に生きることとは別。
集合意識が創り出した社会のシステムや
ルールを無視するのではなく、
それを生み出した地球の周波数を
手放してこそ、変化は起こせる。
魂の声とエゴの声を区別すること。

19

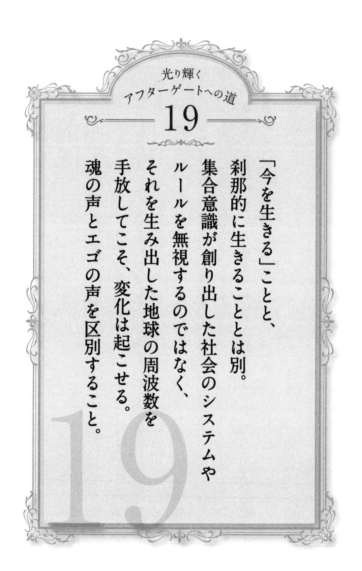

質問⑬の解説――一見、善意に見えても、その根底には眠りが潜んでいる場合もある

Q環境破壊や自然災害、戦争など世界で起きている悲惨な状況や問題のことを考えると、胸が痛い。何か自分でもできることをやりたいと思う。

世界の各地では、毎日のようにさまざまな出来事が起きています。

新型コロナウイルスの問題以外にも、世界のどこかでは常に戦争や紛争、自然災害、環境破壊に貧困・飢餓、そして、ヘイト問題などが起きています。

第2章の「暗いニュースに影響されないようにするには」でもお伝えしたように、悲惨でショッキングなニュースをテレビやネットなどで見聞きすることで胸を痛める人もたくさんいるでしょう。

そして、「自分にも何かできることがあれば、力になりたい！」と考える人もいるのではないでしょうか。

特に、繊細な人なら、そんなニュースに居ても立ってもいられなくなり、「自分も何かアクションを起こさなければ！」と思うかもしれません。

「この世界を変えていきたい！」「社会のために役に立ちたい！」というその思いは、本当に素晴らしいと思います。

ただ、「目醒め」の観点から見たときに、注意すべきポイントがあります。

それは、**あなたが何かのニュースを見聞きしたときに、それに関して心の奥底で本当にはどのように感じているのか、ということ**です。

たとえば、あなたの気持ちがやるせなさでいっぱいになり、とにかく、「何か役に立ちたい！」と感じる場合、それがネガティブな地球の周波数をベースに湧き上がってきていることもあるのです。

その場合、もしあなたが起こそうとする行動の根底に不安や怖れがあるのなら、一見、善意にもとづく行為に見えたとしても、反映される現実はネガティブなものになってしまうでしょう。

もう、おわかりだと思いますが、このような場合も、まず、あなたがやるべきことは、あなたが感じている居心地の悪さを手放すことです。

そうして、さらに深く本来の自分とつながることが可能になると、次に**まったく同じニュースを見聞きしたときでも、高い視点からより客観的に判断できるようになる**でしょう。

すると、「なるほど。今はまだアクションを起こさない方がいいな」と感じるかもしれないのです。

反対に、「これは今の自分にとって、とても大切だと思う。自分ができることからやってみよう！」と、新たなアイディアが浮かんでくるかもしれません。

基本的に今、世界で配信されているニュースは、人々に不安や怖れを喚起させるものがほとんどです。

だからこそ、それらを見聞きしたときにあなたの体感を丁寧に捉え、ハイヤーセルフの視点で、あなたが本当にやりたいこと、やるべきことをきちんと判断していきたいものです。

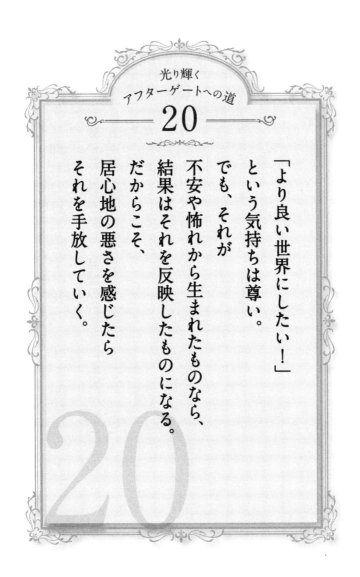

光り輝く
アフターゲートへの道
20

「より良い世界にしたい!」
という気持ちは尊い。
でも、それが
不安や怖れから生まれたものなら、
結果はそれを反映したものになる。
だからこそ、
居心地の悪さを感じたら
それを手放していく。

質問⑮の解説――自分らしく生きることは大切。でも、それを押しつけて相手を変えようとしないこと

Q好きな人と幸せになりたいし、自分の気持ちに正直にいたいから、フラれてもめげずに彼にアタック！

目醒めた人の恋愛とは、どのようなものでしょうか？

目醒めの時代には、自分の気持ちに正直に生きること、自分らしく生きることが大切になってきます。

でも、人は恋をしてしまうと、いつもは冷静な人も精彩を欠いてしまい、思いがけず突飛な行動に出てしまうことがあります。

たとえば、片思いの人に告白してフラれてしまったとしても、「強い意志があれば、願いはきっと叶う！」「思いはきっと通じる！」という一心で、フラれた相手にめげずにアタックをし続ける人もいますね。

あなたが自分らしく生きることで、幸せになることは大いに結構です。

でももし、好意を持っている相手に自分の気持ちを伝えたとして、その人に拒否された場合、「それでも私は、自分の気持ちに正直でいたいから！」と、その気持ちを相手に押し付けるのは違います。

この場合、「私のことを好きになってもらいたい」と振り向いてくれていない**相手の気持ちを変えようとすることは、外側の状況＝相手に執着していることに**なります。

つまりあなたは、その現実にフォーカスすることで、どんどん深い眠りへと落ちていくことになるのです。

そこで、こうしたシチュエーションでも、「外側の状況を変えること＝相手を変えよう」、とすることにフォーカスするのではなく、自分の内側に目を向けて自分自身が変わることが大切になります。

すると、その相手に対する執着がなくなり、次のステップへ行けるかもしれません。

もしくは、意外にも、相手への執着がなくなったあなたに、逆に相手は興味を持ちはじめることになるかもしれません。

このようなことは、一見、恋の駆け引きをしているように見えるかもしれませんが、**執着という重たい周波数を外すことで、あなたの波動は上がっていくので、軽やかでクリアになれたあなたは、他の人から見ても魅力的に映る**のです。

相手に依存したり、「何が何でもこの人でなければ」というような恋愛は、最終的には決して上手くいきません。

それよりも、自分軸に立ち自立したあなたになれれば、本当の意味で魅力的になり、目醒めの時代の恋愛も、きっと上手くいくはずです。

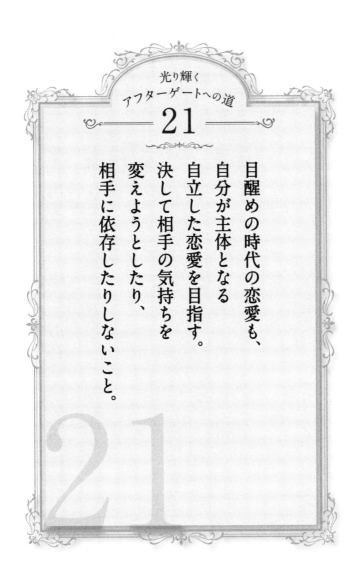

光り輝く
アフターゲートへの道
21

目醒めの時代の恋愛も、
自分が主体となる
自立した恋愛を目指す。
決して相手の気持ちを
変えようとしたり、
相手に依存したりしないこと。

質問⑰の解説――目醒めとは自分が完全な存在であることを憶い出すこと。他の人の目醒めの心配は無用

Q私は目醒めはじめたけれど、家族が目醒めようとしないのがちょっと心配。できれば一緒に目醒めていきたい。

講演会やワークショップでは、参加者の方から、よくこのような声が挙がります。それは、要するに、「自分は目醒めが進んでいるけれど、パートナーや家族、近しい友人などは目醒めに興味がない。でも、自分の愛する人たちなので、これからも一緒に生きていきたい。目醒めた私と、そうでない彼らのお互いの歩む道が分かれていくのが心配」というわけです。

そんなとき、僕は「大丈夫です！　そんなあなたも目醒めませんから（笑）」とか、「逆かもしれませんよ。あなたが心配しているご家族の方が、目醒めるかもしれませんよ」などと、少し冗談っぽくその方に返すことがあります。

「自分は目醒められるけれど、家族は目醒められないかもしれない」というのは、自分を主体にしているようでそうではなく、家族やパートナーという外的要因に不安を持っていることになります。

また、「自分は目醒めることができるけれど、家族やパートナー、友人は無理」などという意識になることは、大きな驕りだと言えるでしょう。

目醒めるということは、「自分が１００％完全な存在であるということを憶い出す」ということであり、それは他の人についても同じことなのです。

つまり、他の人も１００％完全な存在である、ということが理解できるはずなのです。

このことがわかれば、そもそも、「自分は大丈夫だけれど、この人は目醒められるかしら？」などという思いは持たないでしょう。

また、たとえ、それぞれの目醒めのプロセスにおけるスピードが違っていたとしても、「相手は目醒められない」などと判断することはできないものです。

このような考え方は、目醒めについて勉強しはじめた方や、目醒めに懸命になっている人ほど陥りがちなマインドなので気をつけましょう。

あなたの波動が上がれば上がるほどに、あなたは高い意識の電波塔になります。

その電波の影響を受けた家族や友人も、もともとは高い意識としての存在なので、その電波をとても懐かしく感じ、自らその領域へと上がっていこうとするのです。

すると、その人も波動が上がる過程で地球の周波数が外れていき、気がつくと、高い次元に降り立っているのです。

つまり、あなたが目を醒ますことで、周囲の人たちも同時に、上に上がっていくことになるのです。

だから、まずは、あなたは自分を統合することに集中し、自身の波動を上げることに意識を向けるようにしてほしいのです。

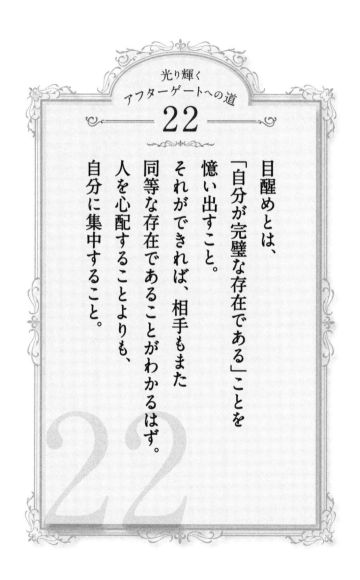

光り輝く アフターゲートへの道 22

目醒めとは、
「自分が完璧な存在である」ことを
憶い出すこと。
それができれば、相手もまた
同等な存在であることがわかるはず。
人を心配することよりも、
自分に集中すること。

質問⑲の解説――自分に起きる現象にフォーカスすると、目醒めから遠ざかる

Q目醒めがはじまったからか、チャネリングができるようになった！

「目醒める」ことを、「スピリチュアルな能力が発達すること」であると錯覚して、サイキックになることや、何かのビジョンが視えることを目醒めの指針として目指す人もいます。

また、目醒めのプロセスにおいて、何かのきっかけでサイキックな感性が開いたことで、「目醒めた！」、と思い込んでしまうこともあります。

けれども、チャネリングによってつながった存在が高次元の存在かどうかは、定かではありません。

さらに言えば、**このような〝現象〟にフォーカスを置くことは、逆に目醒めることか**

ら遠ざかってしまうことにもなりかねません。

目を醒ますというのは、自分を常に高め続けていくことであり、波動を上げ続けていくことです。

あるいは、人生の質を職人のように極めていく、と言ってもいいかもしれません。

それができるほどに、あなたはハイヤーセルフと強く深くつながることになり、その本質を発揮できるようになるでしょう。

そうなると、霊的な感性も当然開いてくるので、チャネリングが起きても不思議ではないのです。

だからと言って、チャネリングという現象自体に重きを置いてしまうと、「チャネリングができる自分は、特別な存在なんだ！」などと思い込んでしまうことにもなりかねません。

目醒めにおいて大切なことは、**自分をいかにクリアリングしていくかであり、その副産物として生じる現象ではありません。**

ただし、もし、目醒めのプロセスでチャネリングができるようになったり、サイキック能力が発現するようになったりした場合に、自分がつながった存在が高次元の存在かどうかを確かめる方法があります。

それは、次のポイントです。

①高次の存在たちは、あなたに何か提案することがあっても、「ああしなさい」「こうしなさい」という指図や命令は決してしない。
②一見、ネガティブと受け取れるような情報がやってきても、それに対する愛のあるフォローが必ずある。
③高次の存在とつながると、愛と調和の感覚を覚える。
④高次元とつながると、心身ともにポジティブなエネルギー循環が起きて、前向きで軽やかな感情や思考が湧いてくる。

以上のようなポイントを押さえていたら、あなたは高次の存在とつながっているはずです。

とはいえ、**チャネリングが起きたことは目醒めのゴールではありません。**

そのような現象に囚われることなく、常に「その先」を目指していきましょう。

光り輝く
アフターゲートへの道
23

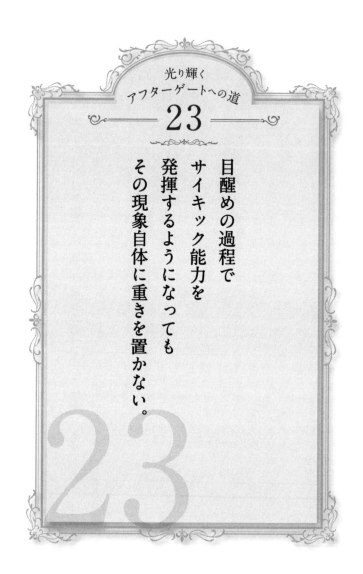

目醒めの過程で
サイキック能力を
発揮するようになっても
その現象自体に重きを置かない。

「Yes」で正解だったのは、番号が偶数の質問

計20の質問のうち、次に挙げた偶数の質問に「イエス」と答えられた方は、目醒めのプロセスが順調に進んでいると言っていいでしょう。

②頭で考えるより、直感を大切にして生きるようになった。
④自然の大切さを認識するようになり、自然の中に出かけるようになった。
⑥自分と気の合う人と付き合うようにして、楽しい時間を過ごすようにしている。
⑧肉体の重要性に気づき、ファスティングやデトックスに興味が湧くようになった。
⑩瞑想や統合などのスピリチュアルなワークが習慣になり、自分の内側に意識が向くようになってきた。
⑫食事に対する意識が変わり、何を食べ何を飲むか、などをより意識するようになった。
⑭占いや占星術で未来を知ることより、自分で意識的に未来を創っていく方が楽し

くなってきた。
⑯ウォーキング、ストレッチなど、できるだけ身体を動かすようになった。
⑱テレビやニュース番組は見るものを決めて、何となく見るということがなくなってきた。
⑳自分の出身星など、自身のルーツに興味が湧き、スピリチュアル関係のワークショップなどに参加するようになった。

偶数の質問の②〜⑳は、目醒めに意識を向けることで起きやすい変化の例です。
計10個の偶数の質問から、7つ以上イエスと答えられた場合、あなたは、すでに自分の中のネガティブな周波数の手放しが進み、地球の制限の枠から抜け出しつつある、と言えるかもしれません。

ただ、目醒めのプロセスを順調に進んでいたとしても、心に留めておいていただきたいポイントが幾つかあります。

そのことがストレスなく行えているか、がポイント

まず、各々の質問には「イエス！」と答えられたとしても、「あなたが、その質問の内容をストレスなく行えているのかどうか」ということがポイントになります。

特に、⑧の「肉体の重要性に気づき、ファスティングやデトックスに興味が湧くようになった」、⑫の「食事に対する意識が変わり、何を食べ何を飲むか、などをより意識するようになった」などは、前著の『新しい地球で楽しく生きるための目醒めのレッスン29』でも、日常生活の中で行える目醒めのレッスンとして提案してきたことです。

目醒めのプロセスにおいては、心だけではなく、肉体も健全に維持していくことが大切です。

そこでできれば、自分の身体の声に耳を傾けながら、定期的なファスティングや腹八分目を心がけて、野菜中心の食事内容にすることや、砂糖を控えめにすることなども、可能な範囲でできるといいですね。

でも、これらを禁欲的に行ったり、ストイックになってストレスを感じたりしているのなら本末転倒です。

もし、あなたがスイーツを食べたいと思ったら食べてもいいのです。もちろん、お肉や、その他のものも同様です。

とにかく、目を醒ますために、「これをしてはダメ」「あれをしてはいけない」ということはありません。

僕自身のことをお話しするなら、食生活は「美味しいものを少しだけいただく」という感じですが、食べたいものは感謝して幸せを感じながらいただくことが、波動をあげることにつながることを、覚えておいてください。

外側からの情報も、あなたがしっくり来て、役に立つと感じるものならＯＫ

また、目醒めが進むと②の「頭で考えるより、直感を大切にして生きるようになった」

にあるように、自分のハイヤーセルフの声でもある直感を信頼できるようになってきます。

するると、⑭の「占いや占星術で未来を知ることより、自分で意識的に未来を創っていく方が楽しくなってきた」にあるように、自分の未来を知るために占いなどの情報に頼るより、自分の直感を信頼し、自分の力で未来を創っていくことの方に喜びを感じるようにもなってきます。

でももし、あなたが占星術や風水などの情報を活用することにワクワクするのなら、もちろん、それだってＯＫなのです。

たとえば、満月の日は、新月に向かってエネルギーが縮小していくタイミングと言えます。

満月のエネルギーを使って、「なかなか手放せない○○○の感情を手放そう！」などと意図して、手放しのワークを行うこともいいでしょう。

すべては、**外側の情報に依存するのではなく、自分軸を持って占いや風水、その他の**

スピリチュアルな情報を活用すればいいのです。

同様に、目醒めが進み、自分という揺るがない軸ができると、⑱の「テレビやニュース番組は見るものを決めて、何となく見るということがなくなってきた」にあるように、外側の情報を鵜呑み(うの)にするスタンスを手放して、より主体的に情報の取捨選択ができるようになります。

ただし、ニュースを見ないのは、「ネガティブな感情に触れたくないから」という理由になってしまうと、地球の周波数を嫌なものとして遠ざけようとすることになるので、目醒めとはまったく逆の方向に行ってしまうことになります。

大切になってくるのは、ニュース、テレビ、映画、そして周囲で見聞きすることから湧いてくる、ネガティブな地球の周波数を捉えたら、それを手放すことなのです。

目を醒ましたいのなら、避けたくなるような感情が湧いてきたときにこそ、「目醒めのチャンス」と捉え、ワクワクして手放していきましょう。

目醒めの過程において、「自分は何者なのか」ということを知りたくなる

「目を醒ましていく」ということは、「自分は本来何者なのか」ということを憶い出していく作業です。

そこで、自分のルーツを知りたくなり、スピリチュアルな学びを深めようとするのは、自然なことでもあるのです。

質問⑳の「自分の出身星など、自身のルーツに興味が湧き、スピリチュアル関係のワークショップなどに参加するようになった」にあるように、「自分の出身星はどこなのか」というようなことも知りたくなるかもしれません。

でも、そのことに固執しないことは、ここでも重要です。

それはつまり、先述の「だから何？」という何事にも一喜一憂しないというスタンスのことです。

「自分がシリウスからやってきた」ということがわかったとしても、そこに重きを置くのではなく、「だから何？」というくらいでいいのです。

そこにあまり深い意味や理由を探そうとすると、意識は「外向き」になり、目醒めと逆走することになります。

また、「自分のルーツがどこにあるのか」というのは、本来の自分につながると、情報を外に求めなくても、自然に憶い出していけるものなのです。

たとえば、それはシンクロニシティによって導かれるかもしれません。

ある時から、自分の周囲で何度も同じ単語やフレーズを聞くようになったり、なにかにつけて同じ情報に導かれるようになったりするのです。

僕たちは、**目を醒ませば醒ますほど、本当に知る必要のあることは、シンクロニシティに導かれて必ず知るようになっている**のです。だから、まずはそのことを知っていただけたらと思います。

逆に、自分がどの惑星から来たか、などということを知る必要がない人もいるかもしれません。

その場合、その人は知ろうとしても、なかなか知る機会がやってこないでしょう。

いずれにしても、あなたが望む限り、スピリチュアルの学びを探求することは賛成です。

ただし、すべてのことは、**本来の自分につながれば内なる叡智からさまざまな形で知ることになるので、無理やり外に答えを求めようとしなくても大丈夫、**ということも理解しておいてください。

自分が知るべきことには、必ず導かれます。

ですから、その答えを知ることに固執しないこと。また、たとえ答えを知ったとしても、それに執着しないことが大切です。

光り輝く
アフターゲートへの道

24

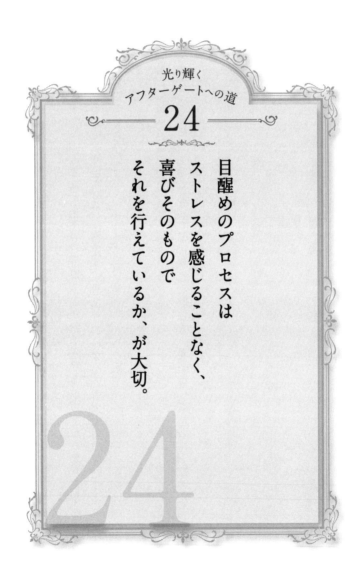

目醒めのプロセスは
ストレスを感じることなく、
喜びそのもので
それを行えているか、が大切。

「目醒めなさい！」ではなく、「目醒めたいですか？」――

「目を醒ましたい！」と心に決めたとき、目醒めることを意識すればするほど、ハマってしまう罠（わな）があることをご説明してきましたが、いかがでしたでしょうか？

「なんか、目醒めって難しいかも……」

そんなふうに思ったときこそ、もう一度原点に戻りましょう。

そして、リラックスして宇宙があなたに送りつづけてくれている無条件の愛を感じてみてください。

宇宙の意思は、あくまでも「目醒めたいですか？」であり、「目醒めなさい！」ではないのです。

それに、決してあなたに対して、「間違ったらダメ！」と叱ったり、「変わらなくちゃダメ！」と指図したり、命令したりしているわけでもありません。

そうなのです。

宇宙では、すべてがＯＫなのです。

あなたがどんな人であれ、どんな決断をして何をしようとも、ただただあなたを無条件に認め受け入れ、愛してくれているのです。


だから、目醒めることを難しく考えないでください。

そして、**「目醒めよう！」と決めたら、後は自分のハートに従って行動していけばいい**のです。

それこそが、宇宙があなたに望むことなのです。


また、「目醒めたいですか？」と問われたときに、目醒めない選択をした自分や、目醒められなかったらどうしようと不安や焦りを感じて、「目醒めなくちゃ！」と一生懸命になるのも違うのです。

つまり、目を醒ましたいと思うなら、その不安や焦りを手放していく必要があるわけです。

そのような地球の周波数を手放していくことこそが、目を醒ましていくことにつながるのだということを、今一度、思い出していただけたらと思います。

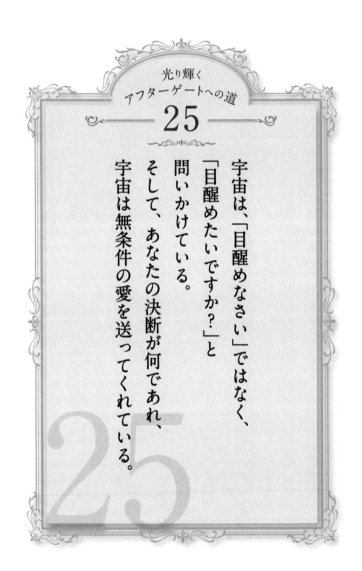

光り輝く
アフターゲートへの道

25

宇宙は、「目醒めなさい」ではなく、
「目醒めたいですか？」と
問いかけている。
そして、あなたの決断が何であれ、
宇宙は無条件の愛を送ってくれている。

第4章

目醒めを加速させるワーク

日々のアファメーションで徹底的に闇を手放す

ゲートが閉じようとしている今の時期には、エネルギーが追い風のように強くなっています。

そこで、そのエネルギーを上手に使って、目醒めを一気に加速させることもできるのです。

まずは、締め切りが近づいている今だからこそ、徹底的に闇を手放しておきましょう。

そのために役立つのが、「日々のアファメーション」です。

アファメーションと聞くと、一見、誰もができる簡単なワークのように思われるかもしれません。

でも、アファメーションは、毎日意識的に行うことでよりパワーを発揮し、着々と統合が進んでいくという意味では、最も簡単でパワフルなワークと言えるでしょう。

闇を手放すワーク

毎日、プラチナシルバーのフィールドに立っていることを意識し、その上で「**私は、地球の周波数を捉えるたびに、軽やかにそれを手放して目を醒まします！**」と宣言します。

「地球の周波数」とは、ご存じのように「不安」「怖れ」「悲しみ」「嫉妬」「罪悪感」「無価値感」など、いわゆる「人間らしい感情（眠りの意識から生まれたもの）」です。

そこで、自分の中に「不安」や「怖れ」などの感情が湧き上がってきた瞬間に、その感情をいつまでも感じ続ける代わりに、アファメーションを行うのです。

また、夜寝る前のリラックスしているときや、朝起きて間もない、まだ潜在意識がオープンになっているときなどにアファメーションするのもいいでしょう。

ちなみに、「喜び」「ワクワク」「楽しさ」「幸せ」「豊かさ」「安らぎ」などのポジティブな感情は、僕たち本来の高次の意識の性質そのものです。

もし、あなたが目を醒ましたいのであれば、もう「不安」や「怖れ」などの「いわゆる人間らしい感情」を味わっている場合ではありません。

自分の中にそれらの感情を捉えたら、その瞬間にさっと手放すという習慣をつけるのです。

これまでは、つらいことがあれば悲しみや苦しみにどっぷりと浸かっていたかもしれません。

でも、新たな時代に向けてすべてが加速しているこの時期に、そのような体験を続けていると、この先もずっとその在り方から抜けられなくなってしまいます。

つまり、今までのように現実に対して、「条件反射的に一喜一憂する生き方を続けるか」、もしくは、あなた自身が人生の主人公となり、「現実にどう反応するかを意識的に決めて、行動する生き方にシフトするか」という選択肢が、僕たちの前に提示されているのです。

前者は、これまでと同様に現実に支配される生き方であり、後者は自分が主導権を握り望む現実を創る生き方と言い換えることができるでしょう。

でも、「泣いたり、愚痴を言ったりすることですっきりして、浄化されることもありますよね？」と思われる方もいるかもしれません。確かに、そうしたやり方が役に立った時期もあります。

何かあると、ひとしきり泣いて周囲に愚痴を言い、すっきりして、そして立ち上がる、というやり方でつらい感情を昇華してきたと感じる人もいるでしょう。

でも、そのやり方を続けていても、ネガティブな感情がいったん落ち着くだけで、手放しができているわけではありません。再びその周波数によって、泣いたり愚痴を言ったりしたくなるような現実を引き寄せるなど、エンドレスになってしまうのです。

だからもし、**本当に目を醒ましたいのであれば、そうした眠りの在り方や、目を醒ますためにたまに手放しをするという、行ったり来たりを終わりにする**必要があります。

そうでなければ、目醒めるのに何世紀もかかってしまうでしょう。

このようなことをお伝えすると、「なんだかロボットみたい」とか、「そんなの人間らしくない」と思われるかもしれません。

でも、これまでの在り方が「人間らしい」と表現するなら、目を醒ますというのは、「何世紀も十分に体験し尽くした古い時代（眠り）の人間らしさを手放す」ことでもあるのです。

僕たちは、高い意識では体験することのできない、一般的にネガティブと呼ばれる感情を体験したくて、わざわざ波動を落として地球にやって来ました。

本来なら、まさに「恋慕うわよ（こ・ひ・し・た・ふ・わ・よ）」というポジティブな感覚や感情そのもので存在していたので、目醒めとは、ネガティブな感情を体験する在り方を終わりにすることで波動を上げて、もともとの軽やかな意識に戻るだけなのです。

そんな話を聞くと、「もう悲しみを味わえないんだ」と、今まで避けたいと思っていた感情を体験できなくなると知ると、寂しいとさえ思う人もいるのです。

つまり、「嫌だ嫌だと言いながら、実はそのネガティブな感情を自ら選んで体験していたんだ」、ということに今こそ気づく瞬間なのです。

今まで「現実」とは、体験するためのものでした。

僕たちは現実を体験して、喜んだり悲しんだりしてきましたよね？

でもこれからは、目を醒ますために地球の周波数を捉えて手放す必要があるので、**「現実を体験に使うのではなく、現実を見たときにどんな感情を感じているのかを捉えること」**が優先事項になります。

そして、「捉えた地球の周波数をいつまでも味わうのではなく、軽やかに手放していくことを宣言する」のがこのアファメーションです。

日本には〝言霊〟という言葉がありますが、僕たちが心を込めて意識的に何度も繰り返し唱えるとき、その言葉は潜在意識に浸透し、やがて習慣となって行動に現れるようになるのです。

このような目を醒ます在り方を習慣にすることが、これからは何より大切になるでしょう。

日々のアファメーションは、統合を着実に進める簡単でパワフルなワーク。
毎日意識的に行うことで、よりパワーを発揮する。

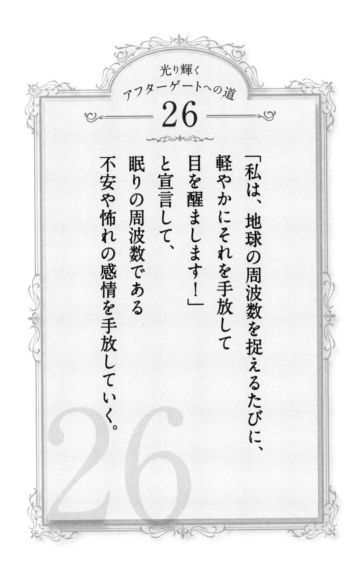

光り輝く
アフターゲートへの道
26

「私は、地球の周波数を捉えるたびに、
軽やかにそれを手放して
目を醒まします！」
と宣言して、
眠りの周波数である
不安や怖れの感情を手放していく。

クリスタル化した自分をイメージする

もう1つのワークは、「クリスタルになった自分を想像する」というワークです。

クリスタルは純粋性や神聖さの象徴であり、同時に、それは潜在意識に組み込まれているアーキタイプ（元型）でもあるのです。

そこで、透明感のあるクリスタルをイメージすることで、あなたの中にもともとあった、それらの性質を呼び醒ますことができるのです。

クリスタル化した自分をイメージするワーク

①自分の身体が自分の形をした、透明感のあるクリスタルでできているのを想像します。

自分がクリスタルの柱そのものになっているのをイメージしてもOKです。

②クリスタル化した自分の身体に宇宙から光のシャワーが降り注いでいるのをイメー

ジします。

③光の色はゴールド、イエロー、ピンクなど、その時に浮かんだ色でＯＫです。その光が自分の内側も外側も全身を洗い流し、浄化してくれているのをイメージしてください。

これら①~③を日常のふと思いついたときにいつでも行うようにしてみてください。歩きながら、仕事をしながら、お風呂やシャワーのときなど、何をしていても、意図さえしっかりしていれば大丈夫です。

僕たちは今、宇宙の進化のプロセスの中で、肉体レベルの大きな変化を体験中です。実際に肉体を構成する組成が炭素ベースからケイ素ベースへと変化し、クリスタル化していこうとしているわけです。

もちろん、クリスタルそのものになるわけではありませんが、クリスタルの性質を帯び、肉体により多くの光を蓄えられるようになります。

アセンションのプロセスにおいて大切になるのが、その人がどれだけの光を保有で

きるか、という「光の保有率」です。

身体の中にある程度の光を保持することができてはじめて、アセンションが可能になるのです。

そうした意味において、クリスタル化する自分を繰り返しイメージすることは、その準備を行うことになります。

これに関して、「シリカ（ケイ素＝水晶を合成する元素）を摂取すれば、進化が加速しますか？」などと聞かれますが、シリカを物理的に身体に取り入れても、クリスタル化するわけではありません。

ただ、霊的な進化において大切なポイントになる「松果体」の健康を維持するのには、役に立つと言えるでしょう。

宇宙から光のシャワーがクリスタル化した自分の身体に降り注ぐのをイメージしながら、
光をたたえた身体づくりをして、目醒めの準備をする。

光り輝く
アフターゲートへの道

27

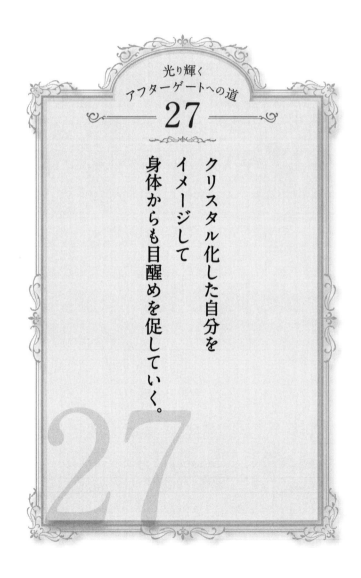

クリスタル化した自分をイメージして身体からも目醒めを促していく。

第5章

アセンションした地球は こんなに変わる！

アフターゲートの行き先はどこ?

2021年の冬至にゲートが閉じた後、自分は、そして自分のいる世界はどうなっていくのでしょうか?

まず、アフターゲートとは、いったい、何を意味するのでしょう?

それは、**あなたがゲートを通過した後に向かう先のこと**です。

つまり、あなたが「目を醒ます道」、もしくは、「眠り続ける道」のどちらを選択したのか、ということを意味しているのです。

このとき、あなたが目を醒ますことを選んでいれば、本当の意味で豊かで幸せな世界を生きていくことになります。

反対に、眠り続けることを選択すると、これまで通り、あるいは、今まで以上に人生にはつらいことや苦しいことが多くなるかもしれません。

また、努力して頑張って幸せを手にする生き方や、努力してもなかなか豊かになれずに「自分ではどうにもできない」というような、外側の要因が人生の幸不幸を決定する生き方になります。

でも、目醒めることが良くて、眠り続けることが悪いというのではありません。**二極化する世界の中で、「ただ、選んだものを色濃く体験する」ということにすぎないのです。**

つまり、「目醒め＝ポジティブ」を選べば、どこまでもポジティブな体験をすることになり、「眠り＝ネガティブ」を選べば、どこまでもネガティブを体験するわけですが、ここでいうポジティブ、ネガティブというのは、単にエネルギー的な性質の違いのことです。

どちらにしても、目醒める人と眠り続ける人の人生は、時が経てば経つほど、お互いの存在が認識できなくなるほどに、まったく違う世界を体験することになるでしょう。

そうなると、ゲートを通過した後に「自分がどちらの道を選んだかを、どうやって知ればいいのだろう」、と不安になるかもしれません。

でも、そのことに気づいた時点で、「あなたは目を醒ますことを決めている」ので、心配はいりません。

また、目を醒ますことを望んでいる人は、何事においても人生の責任を他の誰かや何かになすりつけるようなことは決してありません。自分に軸をしっかり置き、積極的に行動して人生を生きようとします。

目醒めを意識して丁寧に生きる人の人生は、ゲートに近づけば近づくほどに、より良くなっていることを身を以て体験しているはずです。

望んでいた仕事やより良い人間関係、夢の実現など、人生のあらゆる領域がアップデートしているのがわかるでしょう。

とにかく、この世界には時間という要素があるので、あなたの選択した道が具体的な形になって現れてくるまでには少し時間がかかります。

「世界が本当に変わってきた」、と確実に認識できるのは、２０２６〜28年頃になるはずです。

ただし、ゲートを潜り抜ける頃から、個人レベルだけでなく、社会や経済のシステムも世界レベルで大きく変わっていくはずです。そのため、しばらくの間は、不安的な状態が続き混乱も起きることになります。

ここでひとつ、大切なことをお伝えしておきたいと思います。

それは、**「あなたが目を醒ますことを決めてゲートを越えたなら、もう眠りへ向かうことはない」ということ**です。

日々の生活の中で多少揺らぐことはあったとしても、また、そのペースに波はあっても、あなたは目醒めのサイクルの中で、着々と目を醒ましていくことになります。

つまり、簡単に言えば、**あなたの人生は「本当の意味で、より良いものになっていきます」、という素敵なお知らせ**なのです。

目を醒ましていくというのは、この地球に自分バージョンの天国を創っていくということです。

思いっきり楽しみましょう！

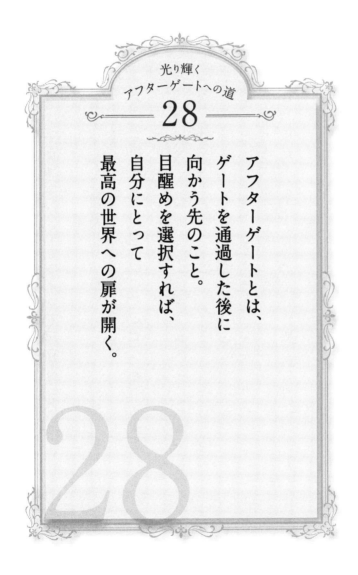

光り輝く
アフターゲートへの道

28

アフターゲートとは、
ゲートを通過した後に
向かう先のこと。
目醒めを選択すれば、
自分にとって
最高の世界への扉が開く。

28

アセンションする地球のタイムラインで起きること

では、目醒めを選択したあなたが生きるアセンションする地球は、具体的にどうなっていくのでしょうか?

もし、あなたが目を醒ますことを選択したら、ゲートを越えた世界はアセンションするタイムラインにある地球になります。

そこでは、今の日常からは想像もつかないような発展を遂げた、新しい地球の姿を見ることになるかもしれません。

「でも、そんなSF映画みたいな世界が訪れるのは、何世紀も先の未来のことでしょう?」、と思われる人もいるかもしれません。

でも、ミラクルと言えるような変化だって、今後数十年の間に起きようとしているのです。

また、それらの変化は、一見、革新的な〝進化〟に見えるかもしれませんが、かつて地球に栄えたレムリアやアトランティス時代の高度なサイエンスやテクノロジーなどが再びよみがえる、という意味において、**人類が原点回帰をするという言い方もできる**のです。

しかも、今という時代は、レムリアやアトランティス以上の波動を実現する時でもあるので、僕たちはまさに、とてつもない大転換期を生きていると言えるでしょう。

それではこの章では、今後約１００年の間に、目醒めを選択した人たちが暮らすアセンションする地球に起きる新たな変化について、お話ししていきたいと思います。

アセンションしていく地球で起こること

2021	プレ・アセンション（アセンションの前段階）のフェーズ	・アセンションに向けて、宇宙のゲートが2021年冬至で完全に閉まる。目醒めた世界と眠りの世界へと分かれる分岐点。
2023〜2028	第1のフェーズ	・経済・金融のシステムが変わることでお金の概念が変わる。
2028〜2032	第2のフェーズ	・本格的に五次元へ移行する時期。 ・新しい時代の子どもたちから、"ニュー・ヒューマン（新人類）"と呼べるような特殊能力を備えた子どもたちが登場。 ・交通機関などの乗り物の速度も急速にスピードアップしてくる。
2038〜	第3のフェーズ	・オープンコンタクトがはじまり、地球外生命体との宇宙外交がスタートする。
2050〜	第4のフェーズ	・病気がほぼ克服できるようになることで、病院や医療の在り方などが一変する。 ・アンチエイジングではなく、リバースエイジングがはじまる。

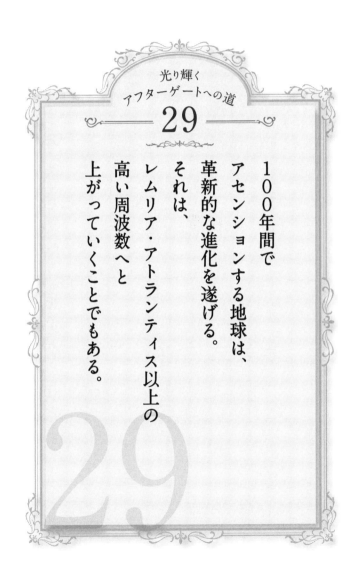

光り輝く
アフターゲートへの道
29

100年間で
アセンションする地球は、
革新的な進化を遂げる。
それは、
レムリア・アトランティス以上の
高い周波数へと
上がっていくことでもある。

第1のフェーズ　2023年以降より変化するお金の在り方――

まず、現在の「プレ・アセンション（アセンションの前段階）」の時期から、一番早い段階で変化が見られるのが、経済・金融のシステムの変化や、人々のお金に対する意識の変化でしょう。

早ければ今後2〜3年後には、人々の豊かさの概念に対する変化の兆しもすでに見えてくるはずです。

そのための前段階として、世界的な経済危機や大不況が訪れることで大きなリセットが行われるのではないかと言う人もいるのですが、現在の流れから視ると、経済の状態は決して良い状態とは言えませんが、今いわれているような〝派手な変化〟ではないように思われます。

それよりも、**資本主義にもとづく世界経済のシステムは、まだ何段階か経る必要があ**

りますが、新しいバランスの取れた形へとシフトしていくでしょう。

その一環として、世界のほとんどの富を独占する一部のエリート層とその他大勢という二極化現象も次第に薄れてくることで、富裕層と貧困層の区別がなくなっていくはずです。

このようにして、豊かさが平均化していくと、各国で新たな経済のシステムも実験的に導入されることになります。

今の段階においても、すでに世界的にキャッシュレス化、電子マネー化が進みつつあり、同時に仮想通貨（暗号資産）の登場なども含め、お金を取り巻く変化が起きているように、お金自体も物質的な通貨という形からさらにデジタル化が進んでいくはずです。

また、豊かさが平均化していくことについて、第2章でも述べたように、現段階では「ネサラ・ゲサラ」的なものや「ベーシックインカム（最低限所得保償の制度）」のような制度が望まれる形で導入されることは難しいでしょう。

けれども今後は、働くということの意義やキャリアに対する考え方、給与の仕組みなども変化していくので、人々の「お金を稼ぐ」という意識も次第に変化していくことになります。

やはり、**お金の仕組みが変わる最も大きな要因は、人々の豊かさに対する意識の変化**なのです。

新しい時代では、お金持ち＝成功者という概念は古いものになり、お金があればあるほど幸せ、という考え方も少しずつ薄れていきます。

アセンションしていく地球で暮らす人々は、「本当の幸せとは何か」を知っているハートとつながって生きる人々です。

すでに**満ち足りた状態で生きている人々にとって、物理的なモノを所有することへの執着もなくなるので、お金はさほど重要視されなくなってくる**のです。

近未来においては、お金自体は消滅しないまでも、「お金は生活を便利にするための1つのツールにすぎず、豊かさの1つの現れである」という意識から、お金自体に重きを置くという在り方は、どんどんなくなっていくでしょう。

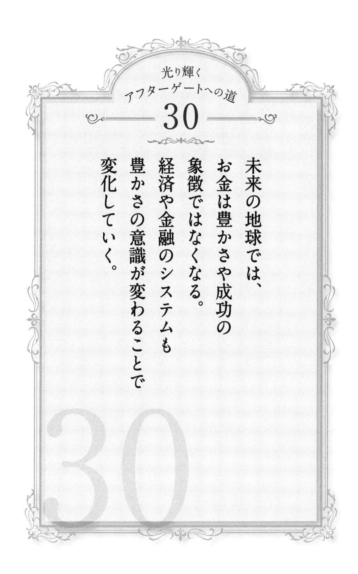

光り輝く
アフターゲートへの道

30

未来の地球では、
お金は豊かさや成功の
象徴ではなくなる。
経済や金融のシステムも
豊かさの意識が変わることで
変化していく。

第2のフェーズ　2030年前後から登場するのは、特殊能力を発揮するニュー・ヒューマン

2028～32年前後からは、いわゆる特殊能力を備えたニュー・ヒューマンたちが増えてくるでしょう。

この時代に生まれてくる子どもたちは、新たな人類の種として、さまざまな〝特殊能力〟を発揮しはじめます。

それらの能力は現在、サイキック能力や超能力として知られているような能力です。たとえば、肉眼を通さず、モノやエネルギーを視ることのできる「透視（クレヤボヤンス）」、ある場所から別の場所に瞬時に移動できる「テレポーテーション（瞬間移動）」、重力に左右されずに宙に浮くことができる「空中浮遊（レビテーション）」、そして、手を触れずにモノを動かしたり、影響を与えたりすることができる「念力（サイコキネシス）」などが、代表的なものとして挙げられます。

今はまだＳＦの世界で見るような能力が、**新たな時代には〝特殊能力〟ではなく、普通の能力として認識される〝常能力〟になっていこうとしているの**です。

これは、新しい時代の子どもたちが特別であり、選ばれた子どもたちだから、というわけではありません。

目醒めの時代には、人間が本来、潜在的に持ち合わせている無限の能力が自然に発揮できるようになるのです。

というのも、目を醒ますと自分のことを否定したり、自分に制限をかけたりすることがなくなるからです。

つまり彼らは、「自分は、何でもできる！」と自然に思えるので、普通ならできないと思うことも、彼らはできてしまうのです。

これは、**新しい能力でも何でもなく、本来の自分を憶い出しさえすれば、誰でも使うことのできる能力**です。

実は現代においても、たとえば、ヒマラヤの聖者たちの中には、このようなパワーを駆使している人たちが存在しています。

けれども、まだ〝制限の磁場〟の強い現在の地球では、このようなパワーを発揮できる人は、一部を除いてほとんどいません。

ところが、アセンションした五次元の世界では、テレパシーでコミュニケーションをしたり、意思の力のみで行きたい場所に移動したり、まるで魔法のような世界が現実になろうとしているのです。

かつて、人類が創造された原初の時代には、持ちうる潜在能力をすべて解き放ち、神としての人間である「アダムカドモン（神人間・神人合一：神が原初の人間であるアダムに先駆けて創造した完璧な人間のモデルのこと）」が存在していましたが、目醒めてハイヤーセルフと完全に統合されれば、まるで全能の神のような能力を発揮できる人類へと再び戻れる日がくるのです。

今後、**科学的には脳の研究と水の研究が進むことで、僕たちは神により近い存在に**

戻っていくことになります。

特に、サイエンスの世界では、水に着目していくことで多くのことが明らかになっていくでしょう。

実は、水はもともと地球以外の惑星からもたらされたものなので、この地球の７割を占める水、また、人間の身体の７割を占める水について解明していくことは、宇宙の叡智を研究することになるのです。

水の真実を理解することで、人間本来のパワーを取り戻し、さらには神であることを憶い出していくことにもなるのです。

ちなみに、ここ最近は、潜在的な特殊能力を発揮できる子どもたちが、続々と生まれてきています。

これからの地球を担う新しい時代の子どもたちは、今、10人に1人くらいの割合で生まれてきていますが、彼らは、シリウスやプレアデス、アルクトゥルスなどから地球へ転生して来たスターチルドレンです。

生まれた時から本来の自分とつながっている彼らは、まるで、すべてを見透かすような、吸い込まれるような深い瞳をしているのが特徴です。

もし、心にやましいことのある人なら、そんな「真実を見通す目」を持つ子どもの目を正視できずに目を逸らしてしまうほど、彼らはピュアなエネルギーと神聖なる叡智を放っています。

新しい時代には、大人であっても、そんな叡智を持った子どもたちから、さまざまな知識を学ぶ日もやってくるでしょう。

また、この頃から、交通機関などの乗り物のスピードが急速にアップしてくるでしょう。

意識の急速な進化が、移動速度にも反映されるので、今とは比べ物にならないほど速いスピードの交通手段が登場するはずです。

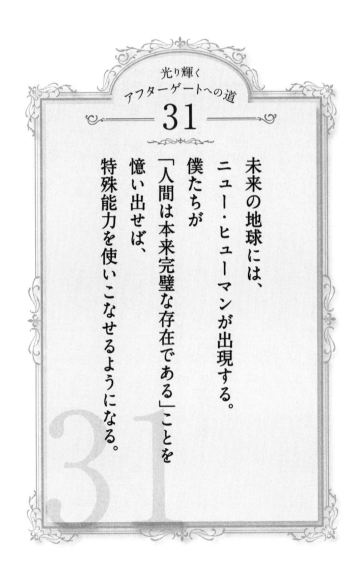

光り輝く
アフターゲートへの道
31

未来の地球には、
ニュー・ヒューマンが出現する。
僕たちが
「人間は本来完璧な存在である」ことを
憶い出せば、
特殊能力を使いこなせるようになる。

Namiki's Awakening Column

動物や植物など、自然界のすべての存在から学ぶ日がやってくる

「え？　大人が子どもから学ぶの？」

今後は目醒めた子どもたちから学ぶ時代になってくる、と言うと不思議に思う人もいるかもしれません。

でも、アセンションした未来では、目醒めた子どもたちからだけではなく、自然界の存在たちともコミュニケーションが可能になることで、動物や植物たちから自然界の叡智を学べるようにもなってきます。

この僕も実際に、自宅のベランダにやってきた鳥たちと会話することで、メッセージを受け取ることもあります。

先日も、部屋の外から何気なく聞こえてくる鳥の鳴き声が、どうしても気になるので耳を澄ませていました。

すると、その鳥たちが高次の存在から僕宛てにメッセージを託されて、僕の元に届けてくれたのです。

最初は、あまりにも鳥たちが騒がしかったので、「どうしたのだろう？」と思って耳を傾けたところ、メッセージがふと降りてきて、それを受け取った直後に、鳴き声も嘘のように静かになったのです。

またある時に、バリ島に旅をした際には、トカゲなどの爬虫類(はちゅうるい)から宇宙の仕組みや叡智を教えてもらったこともあります。

このように、自然界の存在たちとつながりたいと思えば、今からでもつながることができるのです。

大自然と共に生きるネイティブ・アメリカンたちは、自分たちを守護してくれる動物を「スピリット・アニマル」、あるいは「アニマル・スピリット」と呼び、彼らから守護を受けたり、叡智を授けてもらったりしています。

この僕たちも都会で暮らしながらも、動物たちとコンタクトを取ることができるのです。

この世界に生きるすべての生き物は、宇宙の一部です。

そんな、宇宙の創造物であるすべての生き物たちに意識を向けることも、目醒めのプロセスの1つと言えるでしょう。

第3のフェーズ　2040年前後よりはじまるオープンコンタクト――

現在、続々と誕生しているスターチルドレンたちが成人した頃にはじまるのが、宇宙とのオープンコンタクトです。

今後、時代は宇宙時代に突入しますが、今後アセンションする地球は、正式に宇宙連合に迎え入れられることになります。

ということは、いずれ、地球規模の概念を超えて、銀河規模のルールが適用される日がやってくるのです。

また、アセンションする地球は、摩擦や葛藤、欠乏意識などを克服していくので、争いや戦争などは皆無の真に平和な世界が実現することになります。

それが実現した頃、他の惑星との交流がはじまり、人類は彼らと友好を深めていくことになるのです。

とにかく今は、地球人同士が争っている場合ではなく、日々ネガティブな地球の周波数を手放すことで、自分の中の分離を癒し、まずは、一人ひとりが平和になることが優先です。

そうして**アセンションした地球は、まさに多種多様な存在たちのダイバーシティ（多様化）を尊重できる世界になっている**でしょう。

2040年前後よりオープンコンタクトがはじまり、
地球外生命体との宇宙外交がスタートすることで地球も宇宙時代に突入する。

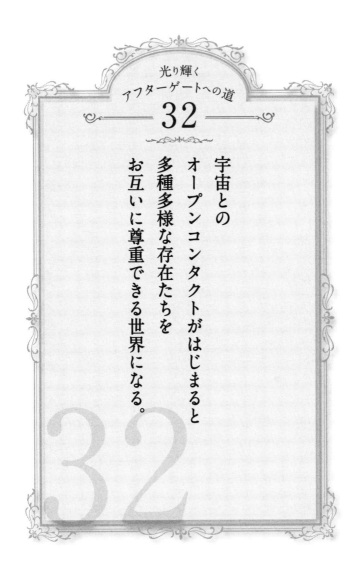

光り輝く
アフターゲートへの道
32

宇宙との
オープンコンタクトがはじまると
多種多様な存在たちを
お互いに尊重できる世界になる。

32

第4のフェーズ① 2050年前後より病気がほぼなくなる時代が到来。医療の在り方も大きく変貌する――

2050年前後からは、この世界から病気というものが、ほとんどなくなっているでしょう。

今後は、現代医学では治療法がないとされている難病などにも、治療法が見つかっていくはずです。

この第4フェーズのステージになると、**人類が病気の周波数から解放されていくという、僕たちが待ち望んでいた世界が訪れる**のです。

そうなると、現在の医療の在り方も当然、形を変えていくことになります。

たとえば、病院・クリニックなどの医療施設の存在意義や、治療法の概念も変わってきます。

新しい医療の方向性としては、**古代のレムリアやアトランティス時代の叡智でもあるクリスタル、光、色、そして、音を使った医療が主流になっていく**でしょう。

黄金期のレムリアやアトランティスで行われていた医療とは、簡単に言うと、「その人の波動の乱れを修復し、本来のバランスのとれた波動に戻していく」という「波動医療」でした。

現在では、そのようなケアやセラピーは、スピリチュアルな世界でヒーラーやセラピストが行っているものですが、それらが将来的には、新しい時代の医療の形になっていきます。

つまり今後、外科的な治療は、物理的損傷を起こした緊急事態のみとなり、ベースになるのは、人間本来の波動（エネルギー）を調整するものになるでしょう。

光り輝く
アフターゲートへの道

33

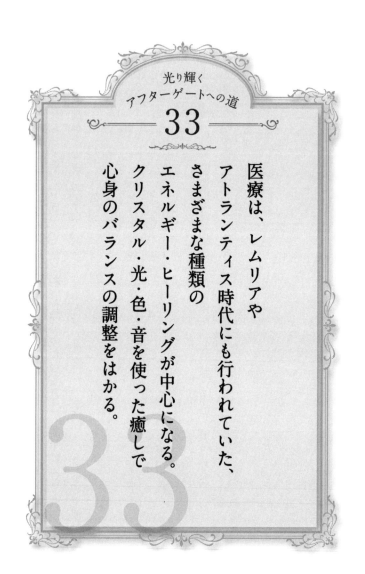

医療は、レムリアや
アトランティス時代にも行われていた、
さまざまな種類の
エネルギー・ヒーリングが中心になる。
クリスタル・光・色・音を使った癒しで
心身のバランスの調整をはかる。

第４のフェーズ② 病気をしなくなることで、寿命が120歳まで延びる時代に――

病気がなくなっていくのと同時に、人間の寿命も延びていくことになるでしょう。

現在でも、すでに「人生１００年時代」という言葉がありますが、第４のフェーズに入ると、人間の平均寿命は１２０年ほどになっていくのです。つまり、現在の80歳前後の平均寿命から約40年も寿命が延びるわけです。

基本的に、目を醒ましていくとストレスを感じるような生き方をしなくなるので、心身共に健康になり、結果として長生きになるのですが、**この頃から「アンチエイジング」ならぬ「リバースエイジング」という概念も誕生する**でしょう。

これは文字通り、年齢を〝リバース（元に戻す）〟するという、若返りのテクノロジーです。

アンチエイジングとは、「エイジング」に「アンチ」という言葉がついているように、エイジングをストップしようとしたり、老化することに抗（あらが）おうとしたりする動きのことです。

これは、抵抗や執着をベースにした眠りのアプローチですが、今後は、目醒めた意識から生み出されるサイエンスと医療のもとで、若返りを叶えるリバースエイジングの技術も開発されるでしょう。

では、「なぜ若返ることが可能になるのか」と言えば、本来、僕たちにとっては「老化するのは不自然」なことなのです。

釈迦も生前に、「我々が老化するのは、〝アクシデント（事故）〟である」という言葉を遺しています。

僕たちがありのままの自分を生き、ストレスを感じる不自然な在り方から抜け出し、直感というハイヤーセルフの声に耳を傾け、「人間は必ず老いて死んでいくもの」という観念から抜け出せばいいのです。

そして、**ワクワクする日々を楽しんでいたら、エネルギーは常に高いレベルで循環するので、若さを保てるのは自然なこと**なのです。

また、長寿社会が実現すると、人々の社会との関わり方も変わってきます。

現在のように、60〜65歳で定年を迎えて、後は年金をもらいながら余生を過ごす、というような受け身の生き方ではなく、70歳でも80歳でもイキイキと元気でいられることで、現役で働ける時間も増え、さまざまな形で社会参加もできるようになるでしょう。

そうなると、現状の福祉のシステムや介護関連のビジネスなども、新たな局面を迎えていくはずです。

前著の『新しい地球で楽しく生きるための目醒めのレッスン29』で、「ワクワクすることに夢中になることで、時間を超える」ということや、「年齢をカウントしないことで脳に年齢を刻ませない」ということをお伝えしたように、若々しさはその人の意識次第で決まるものです。

まさに、**釈迦が言うように「人間は考えた通りの者になる」**のです。

今の時代でも、40代にしか見えない60代の人がいるように、また反対に、80代にしか見えない60代の人がいるように、今後はその人の生き方や意識の持ち方が、心身の若さや健康状態に与える影響はさらに大きくなっていくでしょう。

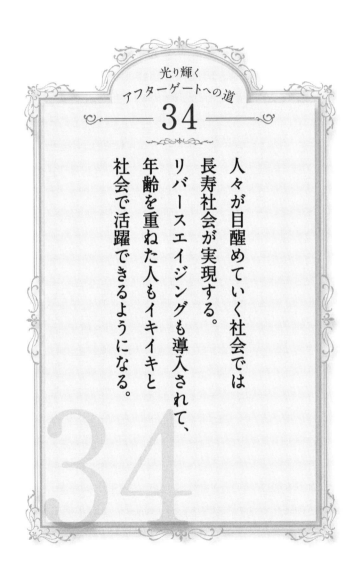

光り輝く
アフターゲートへの道

34

人々が目醒めていく社会では
長寿社会が実現する。
リバースエイジングも導入されて、
年齢を重ねた人もイキイキと
社会で活躍できるようになる。

34

第6章

アフターゲートで目醒めていく世界を生きるために

今後、ゲートを抜けて目を醒ましていく人たちが降り立つのは、アセンションしていく新たな地球です。

この章では、アセンションする新しい地球の流れに、しっかりと乗っていくためのヒントを幾つかご紹介しましょう。

また、これからお伝えするヒントは、アセンションした未来と言わず、今すぐ意識して使いこなしていくことで、さらに目醒めのプロセスが加速するはずです。

目醒めていく世界の生き方を今から習慣づけることで、アセンションする地球にスムーズについていくことができるでしょう。

スピーディーな時代だからこそ、スピーディーな決断を――

目醒めの時代には、スピード感が大事になってきます。

アセンションに向けて、**宇宙からのエネルギーの流れが加速しているので、そのリズムに同調していくことが求められる**のです。

これからは、何かの決断に迫られたり、選択しなければならないときには、ぐずぐずしたり、ぼぅ～っとしたりしていると、宇宙のリズムに乗れなくなってしまうので、スピード感を大切にしましょう。

たとえば、あることに迷っていて決断できずにいると、その間に、どんどん自分の中心（自分軸）からズレていってしまいます。

そして、迷えば迷うほどに自分の意識が曇っていくような感覚になり、余計に前が見えなくなるので、さらに迷ってしまうという、悪循環にハマってしまうわけです。

なぜなら、**今、宇宙からやってきているエネルギーは、「自分が決めたことをより強力にバックアップしてくれるエネルギー」でもある**からです。

つまり、ポジティブを選択すればポジティブな状態が後押しされ、ネガティブを選択すればネガティブな状態が後押しされるのです。

特に、アセンションへとつながる分岐点になる今年は、僕たちが目を醒ますのか、眠り続けるのか、という2つの世界へ移行する節目の年になるわけです。

だからこそ、自分の中で「これ！」と決めたら、そのことにコミットして実際に行動に移していきましょう。

これからは、「思い立ったが吉日」を地でいく形でスピード感を大切に、どんどん行動できるといいですね。

新たな時代のエネルギーの流れは本当に目まぐるしいですが、あなたが覚悟を決めて**行動を起こせば起こすほどに、宇宙からのバックアップによって、よりスピーディーに、あなたの望む結果を手にすることができる**のです。

なぜなら、「宇宙は覚悟を決めた人を強力にバックアップする」ようになっているのですから。

光り輝く
アフターゲートへの道
35

エネルギーが加速する
目醒めの時代には、
スピード感が大切。
「思い立ったが吉日」という意識で
アクションを起こす。

今後100年で、どれだけ発展できるかは未知数

このエネルギーの〝スピーディーさ〟は、これからの各分野における進化にも大きな影響を及ぼすことになるでしょう。

実際に、これからの100年は、これまで1000年単位の時間で地球が成し遂げられなかったことなども、革命的なレベルで発展を遂げる可能性さえあるのです。

新しい未来には、「病気がほとんどなくなる」ということをお伝えしました。

そして、最先端の医療として、レムリアやアトランティス時代に行われていたクリスタル、光、色、音を用いた周波数（バイブレーション）を扱う叡智が戻ってくる未来についてもお話ししました。

これは、何を意味しているのでしょうか？

超古代文明のレムリア、そしてアトランティス大陸は、今から約1万2千年前に滅ん

だといわれていますが、その文明自体は数百年単位で続いていたともいわれています。

中でも特に、アトランティスでは、現代のテクノロジーさえ及ばないほど、高度な科学技術が存在していたのです。

アトランティスの黄金期と呼ばれた時代には、高い精神性があったことから、テクノロジーは高度な発展を遂げていたのですが、その後、長い歴史の中で堕落して波動を落とし、テクノロジーの乱用に走ったことから、アトランティスは滅んでしまいました。

でも、そんな**超古代のサイエンスが、今後は、ほんの数十年の間に再び新しい形でよみがえろうとしている**のです。

目醒めた社会に生きる人は、宇宙時代のはじまりとともに、まだ見ぬ新たなテクノロジーの恩恵を受けることになるでしょう。

光り輝く
アフターゲートへの道

36

今後100年の間に、
古代の高次元のテクノロジーが
より高いレベルで復活する。
これからは、驚くほどのスピードで
社会が変化していく。

自分の人生に責任を持つ

そんなパラダイスのような新時代を生きるキーワードは、「すべてが自己責任」ということです。

「私は、○○のせいで傷ついた」
「○○のニュースを聞くと不安になる」
「○○のことがあるから心配……」

日常生活の中で、あなたはこんなことを何気なくつぶやいたり、口にしたりしていませんか？

でも、これまで1冊を通してお話ししてきたように、これからは、すべてのことに対して自分が主導権を握り、自らの人生の主人公となって、すべての責任を取っていくのです。

あなたは、「誰かのせいで傷ついている」と感じていても、実際には自分のせいで傷ついています。

言い方を換えると、**「自分が傷つくことを、自分に許可している」**のです。

また、すでにお伝えしているように、何かのニュースを見たり聞いたりすることで不安になったとしても、それはあなたが、ある出来事に対するネガティブな思い込みを持っていて、ニュースの内容がそのネガティブな部分に触れたことによる反応が、あなたに不安を体験させてしまうのです。

でも、そんなネガティブな思い込みや信念・観念を持っていない人は、同じニュースを見たり聞いたりしても、不安を感じることはないのです。

たとえば、「自分は馬鹿だ」と思っている人がいるとします。

すると、周囲の誰かが「馬鹿」という発言をしたのを見聞きしただけで、「え⁉ 今のは私に言ったんじゃないかしら……」と不安になったりするわけです。

でも、「自分は馬鹿だ」、などと思っていない人は、それを聞いたとしても何とも思わないし、その言葉を拾うこともないでしょう。

つまり、**「自分の中にすべての原因があり、自分の中にないものは体験しない」**のです。だからあなたが、他の誰かや何かに責任転嫁をするのは、自分が劣等感を抱いていたり、自尊心が低かったりするなど、自分に価値を見出せていないことが原因です。「自分は完璧な存在である」と思えないと、「何かが足りない」という意識から責任転嫁がはじまり、「すべてが人のせい」「自分がこうなっているのは、周囲のせい」というマインドになり、目醒めとは正反対の深い眠りの中に迷い込んでいきます。

特にネット社会になった今では、相手にクレームやバッシングをすることが当たり前になり、それが自己表現の1つのようになっていたりします。

でも、相手に責任転嫁をすることで、被害者・加害者という在り方を続けている限り、目を醒ますことはありません。

すべての言動に関して、**自分で責任を持つ自分軸で生きることが目醒めの時代の生き方**です。

だから、あなたが目を醒ましたいなら、まずは、その覚悟を決めることです。

なぜなら、目醒めるとは、「完全に自分の力を取り戻す」ことでもあるからです。

あなたが他の誰かや何かのせいにするたびに、あなたは自分のパワーをその対象に与え、譲り渡してしまっている、ということを覚えておいていただけたらと思います。

光り輝く
アフターゲートへの道

37

目醒めの時代は、
自己責任で生きること。
自分が完璧だと知ることで、
自分に責任を持てるようになる。

目醒めると、小脳が活性化する

目醒めのプロセスにおいては、肉体にも変化が出てくることはお話ししましたが、その変化は脳にも起きてきます。

これは、目醒めに伴う意識の変化が脳波に影響し、特定の脳の領域を活性化することによるものです。

特に、**波動が上がることで活性化するのは、「小脳」**です。

まず、人間がサバイバルしていた時代には大脳が使われてきました。

つまり、食べて寝て安全を確保して、種の保存のために生殖して、と人間が〝生き物〟として存続するためだけに生きているときには、主に大脳が機能するのです。

次に、人間がサバイバルのステージをクリアして、より意識が高まり精神性が向上すると、今度は中脳も使うようになります。

今の人類は、このステージになって久しい時代を生きています。

そしてこれから、目醒めが進んで宇宙意識で生きるようになると、情報を受け取る受信機である脳の中でも、小脳が発達してきて、宇宙の叡智をダウンロードするようになります。

今のところ、まだ小脳が活性化している人は少ないと言えるでしょう。

ちなみに現在、転生してきているスターチルドレンやニュー・ヒューマンたちは、この小脳が生まれながらに活性化しているようです。

スピリチュアルの世界では「松果体が

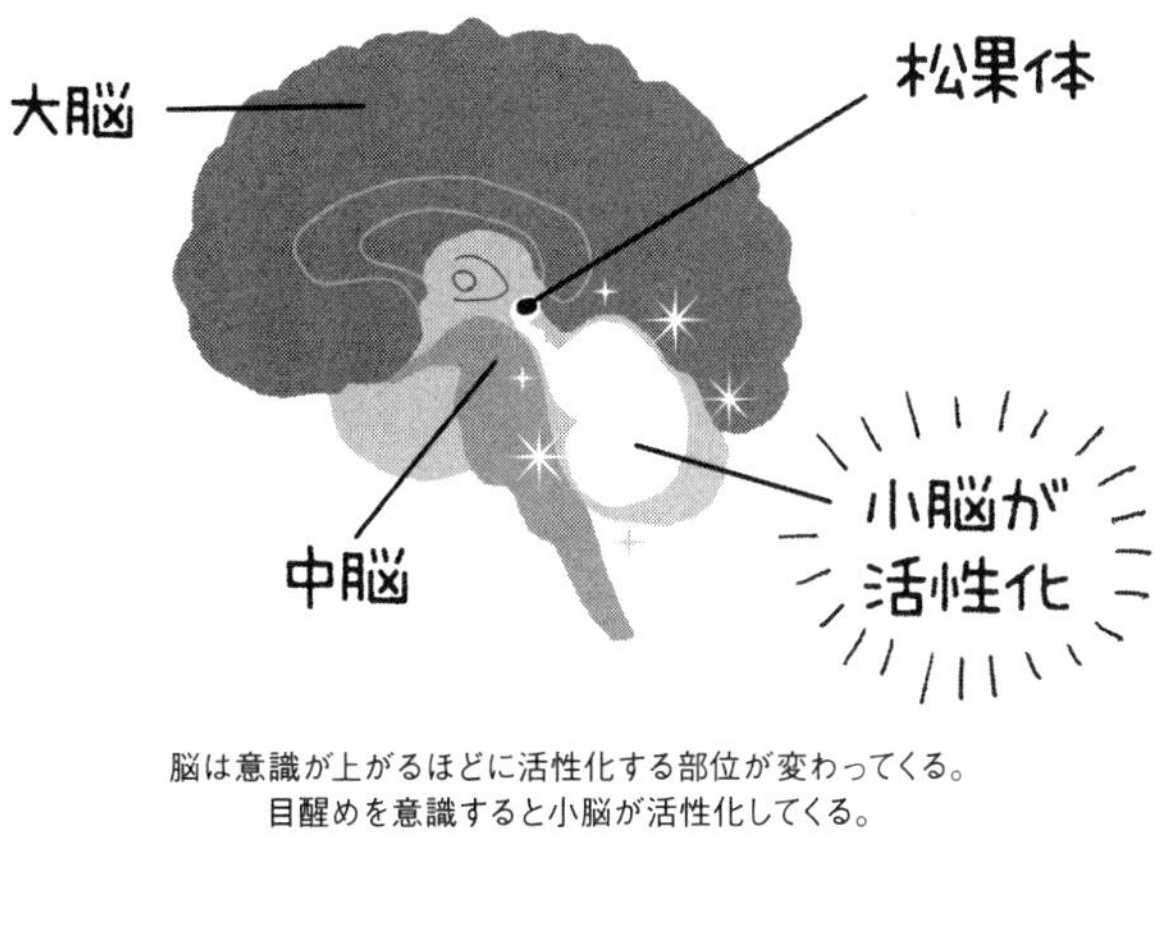

脳は意識が上がるほどに活性化する部位が変わってくる。
目醒めを意識すると小脳が活性化してくる。

活性化すると宇宙とつながる」といわれていますが、松果体は小脳ともつながり連動しています。

自分が今、脳のどの部分を使っているのか、を意識することも目醒めを加速させるアクションの1つになるでしょう。

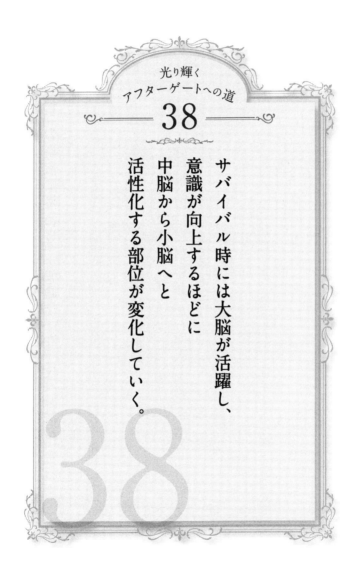

光り輝く
アフターゲートへの道
38

サバイバル時には大脳が活躍し、
意識が向上するほどに
中脳から小脳へと
活性化する部位が変化していく。

「引き寄せ」の時代は終わり、「最適化」の時代へと進化する――

目醒めの時代には、これまで一般的に「願望成就のルール」として知られていた「引き寄せの法則」に関して、その認識を変えていくことになってきます。

もちろん、引き寄せは変わることのない宇宙の法則です。

でもこれからは、「何か特定の欲しいものを決めて、それを自分に引き寄せるべくイマジネーションを使う」という「ザ・願望実現」ではなく、**「最適化の状態に入る」ことで、願わずして望みが叶うという、簡単さへとシフトしていく**のです。

この違いを一言で言えば、引き寄せは、「自分の望むものを外から自分のもとへと手繰り寄せる」という意識であるのに対して、**最適化とは「その人の内側から望んでいたことが自然に出現する」**のです。

では、「最適化の状態に入る」とは、どういうことでしょうか?

それは、「そのことを願うよりも前に、すでにそれが叶っている」という状態です。
つまり、目の前に物事が顕在化する日常の現実の中で、「あ！　そういえば私、こういうふうになりたかったんだ」とか、「今やっていることって、私がずっとやりたいと思っていたことだった！」などと気づくのです。

たとえば、引き寄せは、「こんなふうになりたい！」という願望があり、その願望を叶えるために自分をポジティブに保ったり、自分がすでにそうなった姿をイメージしたりすることで、引き寄せのメソッドを用いてきました。

けれども、最適化の場合は望んでいたことを意識的に願ったり、イメージしたりすることもなく、まるでそれが向こうから自然に現れてくるように叶っていくのです。

では、どうすれば、そんな〝魔法のような〟世界を生きることができるのでしょうか？
その答えは、とてもシンプルです。
ただ、統合を通して本当の自分とつながり、ハートから感じることを優先し、ポジティブ・ネガティブを頭でジャッジせずに「ニュートラルなゾーンに入る」のです。

ニュートラルな状態を保つことの大切さについて、釈迦は仏教の教えの中で「中道」として、また、孔子は儒教の教えの中で「中庸」として説いていましたが、これは古くからの叡智でもあるのです。


ニュートラルな意識は、魔法を起こす意識です。

これからは、ふと「こうしたい、こうなりたい」と思うだけでも、それは大きな影響力を持つようになり、速やかに現実化を促すでしょう。

それだけでなく、僕たちが魂レベルで望んでいながら、表面的には気づいていない願望も、自然に形になるようにエネルギーが動きはじめるのです。

まさに、**「目を覚ましながら夢を生きる」時代**がやってきます。

光り輝く
アフターゲートへの道
39

ポジティブでもネガティブでもなく、
ニュートラルな意識状態になる。
すると最適化のゾーンに入り、
意識する・しないにかかわらず、
魂レベルの夢が顕在化する。

アセンションする世界では誰もが主人公になる――

２０２０年の12月に占星術やスピリチュアルの世界において、２５０年ぶりに「地の時代」から「風の時代」へと時代が変化したことが告げられました。

この新しい時代のはじまりは、アセンションに向けて、本格的に世界が動き出したことを意味しています。

それに伴い、社会の在り方も、これまでのように封建的な縦社会の、いわゆる男性的なピラミッド構造ではなく、より自由で個を大切にする女性的な円の構造へと変化して、これからは、価値観も大きく変わることになります。

特に、**新しい時代の特徴を一言で言うなら、「誰もが人生の主人公になれる時代」**になります。

たとえば、ピラミッド型の社会では、頂点にいる人がリーダーシップを執り、その下にいる人たちは、上からの圧力に耐えながら、与えられたそれぞれのポジションで、上手に立ち居振る舞うしかなかったわけです。

　つまり、トップ以外の人たちは、ほぼ脇役でした。

　でも、円構造における球体の上に立ったときには、誰もがリーダー、誰もが主人公になることができるのです。

　221ページのイラストをご覧になるとわかるように、くるくる回転する立体状の球体には等しくスポットライトが当たりますよね。

　そして、その球体のスポットの1つ1つが僕たちだとするならば、どこから見ても、誰が上であり、誰が下にいる、ということがなくなります。

　つまり、その都度スポットが当たった人すべてが主人公になるのです。球体上にある点は、すべて同じ条件で存在していて、ただどこに焦点が当たるかの違いにすぎません。

　常々、「新しい世界では、差別や貧富の差がなくなる」とお話ししてきましたが、それは、この円構造の社会が実現しようとしていることでもあるのです。

あなたも、アセンションする地球における、新しい時代の主人公です。
時代の追い風とともに、目醒めを加速させ、アフターゲートに向かっていきましょう。

頂点にのみリーダーがいるピラミッド型

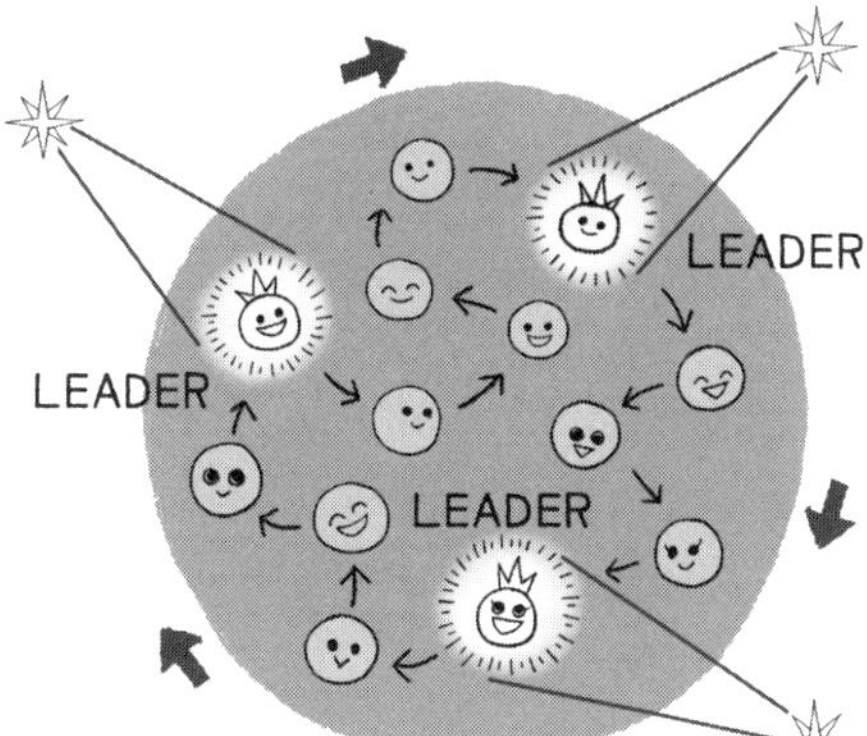

誰もがリーダーになれる球体型

これからは、ピラミッド型の社会から円構造の社会へ移行する。
リーダーが頂点にだけいたこれまでの社会から、平等に当たるスポットライトで、
誰もがリーダーになれる社会に。

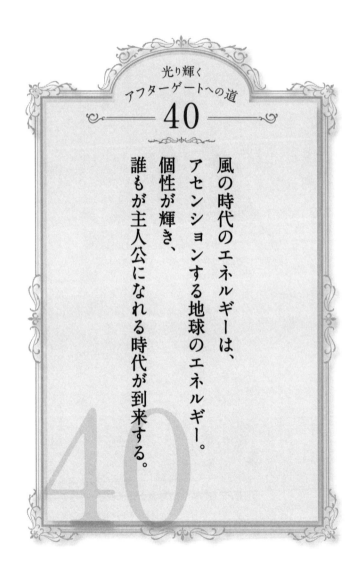

光り輝く
アフターゲートへの道

40

風の時代のエネルギーは、
アセンションする地球のエネルギー。
個性が輝き、
誰もが主人公になれる時代が到来する。

おわりに

皆さん、いかがでしたでしょうか？

「目を醒まそう！」と心に決めたときに、陥りやすい「眠りのトラップ（罠）」を理解できましたか？

また、これからの世界の大まかな流れを把握できたでしょうか？

ぜひ本書を通して、新たな時代に向けてのポイントを押さえて軌道修正しながら、本来の自分を憶い出す旅を楽しんでいただけたらと思います。

今、人類にとって地球史上、最も大きな変容の時を迎えていますが、それは僕たち個人にとっても、自分史上、最も大きな転換期でもあるのです。

なぜなら今は、「これまでの古い自分を脱ぎ捨て、新たな自分へとシフトする時」であり、「これまでは、夢だと思っていた人生を、今後は新たな自分で実際に生きる」ことになるのです。

目を醒ますというのは、「できない」「やれない」「難しい」というあらゆる制限からの解放です。

同時に、「不安」「怖れ」「心配」「罪の意識」「自信がない」というネガティブな感情からの解放です。

そして、「本来の自分の完全さを憶い出し、才能や資質を発揮しながら、今世における最高の可能性を生きる」ということなのです。

それは、「自分が神であることを憶い出す」ことに他なりません。

それができれば、発想も行動も今までのような小さな意識からではなく、雄大な宇宙意識からのものになります。

すると、あなたから生み出されるもの、形づくられるものが、これまでとはまったく違うものになることを自分でも感じるはずです。

また、本書でもお話ししてきたように、世の中の在り方さえもすごいスピードで変わってくるのです。

本当に、ワクワクしてきませんか?

僕たちは、遠い昔に深い眠りについた時から、「この時」がくることを知っていました。あなたという存在の深い場所に「目醒めのベル」を仕掛けて、時が来たら起動するよう設定していたのです。

この数年で、そのベルが鳴る音に気づく人たちが増え、行動することで目を醒ましはじめています。

そんな人たちは、人生をポジティブに変化させて自分の夢を生き、可能性を最大限に楽しんでいるのです。

でも一方で、この時期だからこそ、道に迷う人も多いのです。

先行きも不透明で、ますます混乱する世の中では、生きる意欲を失う人も多いのです。

それほどまでに今、人類は、そしてこの世界は、大きな変化の真っ最中なのです。

だからこそ初心に戻り、道から外れたことに気づいたら、軌道修正することが大切になります。

そこで、この本の出番になるわけです。

ここまで読み進んでいただいた方も、もう一度、大切なポイントを頭に入れ直してください。

あとはいつも通り、僕たちの本質である「恋慕うわよ（こ・ひ・し・た・ふ・わ・よ）」に従い、日々を思いっきり楽しんでください。

あなたはそのために、今世は肉体を持ったのです。

これだけ多くの人が肉体を持ったまま目を醒まし、本来の高い意識に戻るというのは、今までの地球史上なかったことなのです。

これが、どれだけエキサイティングなことなのかは、皆さんはもうおわかりのはずです。

そして、それが実現できるのが、「今」という時なのです。

すべての人がこのフェスティバルに参加し、人生の主人公として思い通りの人生を生きるのか、それとも、今まで通り、現実に一喜一憂する生き方に終始して、自分の力を他に明け渡して生きるのかを決める時を迎えています。
そのエントリーを終えるのが、２０２１年の冬至です。

何度もお伝えしてきたように、どちらを選択してもＯＫであり、そこに優劣はありません。

ただ、「もう十二分に眠りを体験したのであれば、そろそろ目を醒ましませんか？」という招待状が宇宙からやってきているのです。

今はちょうど、「卒業式」のシーズンを迎えようとしているのですね。

さぁ、これからは、あなたが選んだこと・選んだ道を、そのまま体験するフェーズに入っていきます。

目を醒ますのか、眠り続けるのかを選択するのはあなたであり、あなたにしかできません。

誰も、代わりに決めることはできません。

でも本書は、これから招待状を受け取る人も、すでに受け取っている人にも使える情報が詰まっているので、心をオープンにして楽しんでいただけたらと思います。

あなたは、本当に最高にエキサイティングな時代を選択して生まれてきましたね！
それだけでも、今世の目的の半分は達成したと言えるでしょう。
でも、「これから先」には、まだ見ぬ可能性に満ち満ちた世界が待っています。
今世のあなたの目的が、「肉体を持ったまま目を醒まし、自分の可能性を最大限に生きることで、この地球に自分バージョンの天国を創ること」であるなら、この本の情報をあなたなりに活かすことで、その目的を加速させることができるでしょう。

本書がその一助になれたら、幸いです。

令和3年3月20日

並木　良和

並木良和 なみき・よしかず

スピリチュアル・カウンセラー、作家。幼少期よりサイキック能力を自覚し、高校入学と同時に霊能力者に師事。整体師として働いた後、スピリチュアル・カウンセラーとして独立。現在、全国に7000人以上のクライアントを抱え、個人セッションやワークショップ、講演会も開催している人気カウンセラー。著書に『ほら 起きて! 目醒まし時計が鳴ってるよ』(風雲舎)、『みんな誰もが神様だった』(青林堂)、『目醒めへのパスポート 本当のあなたを憶い出す、5つの統合ワーク』、『新しい地球で楽しく生きるための目醒めのレッスン29』(ビオ・マガジン)他多数。

目醒めへのファイナルメッセージ

アフターゲートを生きぬく智慧

2021年4月5日 第一版 第一刷
2021年6月6日 第一版 第三刷

著　　者　並木良和

発 行 人　西 宏祐
発 行 所　株式会社ビオ・マガジン
〒141-0031 東京都品川区西五反田8-11-21
五反田TRビル1F
TEL:03-5436-9204 FAX:03-5436-9209
http://biomagazine.co.jp/

編　　集　西元啓子
デザイン　堀江侑司
イラスト　藤井由美子
D T P　大内かなえ
校　　閲　野崎清春

印刷・製本　株式会社シナノパブリッシングプレス

ISBN978-4-86588-093-9 C0011

並木良和さんの最新情報

ビオ・マガジンから並木良和さんの情報をLINEでお届け!

無料動画やワークの開催、新刊情報等をLINEでお知らせします。

並木良和
LINEアネモネアカウント

http://nav.cx/82QfbiB

※今後も出版と合わせてワーク開催を予定しています。ワークは比較的早くうまりますので、LINE登録をすれば、申しこみ情報をいち早く入手できます。

アネモネHPの
ティーチャーズルームにて各種最新情報を公開中!!
http://biomagazine.co.jp/namiki/